القانون التجاري حسب نظام الشركات في المملكة العربية السعودية

المؤلف: المحامي جون بلوظية

مركز إثراء العدالة للتدريب

ETHRAA AL ADALLA TRAINING CENTER

القانون التجاري حسب نظام الشركات
في المملكة العربية السعودية

المؤلف: المحامي جون بلوظية

٢٠١٧

(طبعة كتاب بغلاف ورقي) ISBN (13): 978-1-68109-086-3
(طبعة كتاب بغلاف ورقي) ISBN (10): 1-68109-086-4
(الكتاب الإلكتروني) ISBN (13): 978-1-68109-087-0
(الكتاب الإلكتروني) ISBN (10): 1-68109-087-2

مركز إثراء العدالة للتدريب
تحت إشراف المؤسسة العامة للتدريب المهني والتقني
الرياض – طريق الإمام سعود الفيصل – حي الصحافة – مجمع البدر (٢)
بجانب البنك الفرنسي

فهرس المحتويات

نظام الشركات السعودي

المؤلف: جون مايكل بلوظية

الفصل ١. تقديم الكُتيّب

I. إلى من يوجّه الكُتيّب

هذا الكُتيّب موجّه إلى الجمهور التالي:

- المحامين؛
- رجال الاعمال؛
- طلاب القانون أو الشريعة الإسلامية أو إدارة الاعمال؛ أو
- اي شخص آخر عندما يكون على دراية بأساسيات التشريعات السعودية أو الشريعة الإسلامية.

II. وصف بما يحتوي الكُتيّب

صدرت موافقة مجلس الوزراء الموقر على نظام الشركات الجديد في جلسته المنعقدة يوم ٢٧ محرم ١٤٣٧ هـ. نظام الشركات الجديد يأتي كأحد أبرز الأنظمة الاقتصادية التي تصدرها المملكة العربية السعودية. هدف نظام الشركات الجديد هو تعزيز قيمة الشركات وتنمية نشاطها وإسهامها في خدمة الاقتصاد الوطني.

هذا الكتاب يحتوي على نظام الشركات السعودي الذي نشر بعام ١٩٦٥ هـ (وحالته سارية حتى ٢٧ محرم ١٤٣٧ هـ) وأبرز التعديلات والتغييرات في نظام الشركات السعودي الجديد، الذي يوفر بيئة حاضنة للمبادرة وللاستثمار في المملكة العربية السعودية والذي يدعم نمو الكيانات الاقتصادية في الدولة وتحسين أداء المنشآت ونزاهة التعاملات التجارية، عبر تطبيق معايير عادلة بخصوص الشفافية.

يحتوي ايضا البرنامج التدريبي على الإطار القانوني المناسب لممارسات سليمة لمبادئ حوكمة الشركات، الذي يوفر نظام الشركات الجديد، والعقوبات المشددة على مخالفين النظام الجديد.

III.   أهداف

أ.   الهدف العام من للبرنامج والكُتيّب

الهدف العام من البرنامج هو تثقيف المتدربين بالتغييرات الرئيسية لنظام الشركات السعودي الجديد، الذي ينطبق بدايةً من ٢ مايو ٢٠١٦. سوف نتحدث عن التغييرات القانونية التي تطبق على الشركات الشخص الواحد، رأس مال الشركات السعودية، حكومة الشركات، تقييم الحصص، اجتماعات جمعيات الشركاء، التصرف في الأسهم، الصكوك وأدوات الدين والشركة العائلية والقابضة.

ب.   الأهداف التفصيلية للبرنامج والكُتيّب

الأهداف التفصيلية للكُتيّب هي تثقيف المتدربين بالتغييرات الرئيسية لنظام الشركات السعودي الجديد وشرح وفهم هذه التغييرات وكيفية تطبيقها على الشركات السعودية والمستثمرين الاجانب. وهذه التغييرات بالتالي:

i.   شركة الشخص الواحد

يمكن تأسيس الشركة ذات المسؤولية المحدودة والمساهمة من شخص واحد.

ii.   عدد الشركاء

شريكين بدلا من خمسة شركاء في شركة المساهمة.

iii.   رأس المال

الحد الأدْنَى لرأس مال شركة المساهمة خمسمائة ألف ريال بدلا من مليونين.

iv.   الحكومة

- حظر الجمع بين منصب رئيس مجلس الإدارة وأي منصب تنفيذي بالشركة؛
- لجنة مراجعة لمراقبة أعمال الشركة؛ و
- التصويت التراكمي في انتخاب مجلس الإدارة.

v. تقييم الحصص

تقييم الحصص العينية بعدالة من مقيم معتمد.

vi. اجتماعات جمعيات المساهمين

اجتماعات الجمعيات العامة بواسطة وسائل التقنية الحديثة.

vii. التصرف في الأسهم

للشركة شراء أسهمها أو ارتهانها ورهنها.

viii. الصكوك وأدوات الدين

لشركة المساهمة إصدار أدوات الدين أو الصكوك التمويلية.

ix. الشركة العائلية والقابضة

عناية خاصة بالشركات العائلية وإطار قانوني للشركات القابضة.

x. اللوائح

لَوائح لتنفيذ النظام تُصدَر من وزير التجارة والاستثمار ومجلس هيئة السوق المالية.

الفصل ٢. نظرة عامة عن الشركات السعودية

I. أحكام عامة

يُعرِّف نظام الشركات السعودي الجديد "الشركة" كالتالي (المادة ٢):

- عقد يلتزم بمقتضاه اشخاص (اثنان أو اكثر) بأن يساهمْ كل منهُم في مشروع يستهدف الربح؛
- بتقديم حصة من مال (أو عين) أو عمل أو منهم معاً؛
- لإقتسام ما يَنْشَأ من هذا المشروع من ربح أو خسارة.

للمستثمر أو الشريك في شركة سعودية خيار بين الأشكال الآتية للشركات (المادة ٣):

- شركة التضامن (general partnership)
- شركة التوصية البسيطة (limited partnership)
- شركة المحاصَّة (*ad hoc* joint venture company / silent partnership)
- شركة المساهمة (joint stock company)
- الشركة ذات المسؤولية المحدودة (limited liability company)

كان هناك ايضان خيار إضافي قبل تطبيق نظام الشركات الجديد لعام ٢٠١٦. نظام الشركات السابق لعام ١٩٦٥ اعطى للشركاء خيار إضافي لتأسيس **شركة التوصية بالأسهُم**، وهي نوع من الشركة التوصية.

وتضيف ايضا الفقرة (٣) للمادة الثالثة أنّه لا تنطبق أحكام النظام على الشركات المعروفة في الفقه الإسلامي (أيْ، المشاركة، المضاربة، إلَخ)، وذلك ما لم تتخذ شكل شركة من الشركات الواردة في الفقرة) ۰(من هذه المادة.

II. مقارنة بالشركات القائمة بالقانون العُرْفيّ (قانون العموم الانجلوسكسونيّ)

القانون العرفي هو النظام الذي يحكم في البُلدان الانجلوسكسونيّ، مثل المملكة المتحدة، الولايات المتحدة الامريكية، كندا، أستراليا ونيوزلندا.

يُعرّف القانون العُرْفيّ "الشركة" كالتآلي:

A society or association of persons, in considerable number, interested in a common object, and uniting themselves for the prosecution of some commercial or industrial undertaking, or other legitimate business.

ومَصْدَر هذا التعريف هو القضية الامريكي التالية: ,Mills v. State 23 Tex. 303; Smith v. Janersville, 52 Wis. 680. وكما يمكننا الملاحظة، التعريف للشركة في القانون العرفي ليس نفس التعريف للشركة في نظام الشركات السعودي، ولكنّ التعريف متشابه:

حسب نظام الشركات السعودي	حسب القانون العرفي
عقد يلتزم بمقتضاه شخصان أو أكثر بأن	A society or association of persons
يساهم كل منهم في مشروع	interested in a common object
يستهدف الربح بتقديم حصة من مال أو عمل أو منهما معاً لاقتسام ما ينشأ من هذا المشروع من ربح أو خسارة.	uniting themselves for the prosecution of some commercial or industrial undertaking, or other legitimate business

III. تحول الشركات واندماجها

أ. تحول الشركات

يجوز تحول الشركة إلى نوع آخر من الشركات بقرار يصدر وفقاً للأوضاع المقررة لتعديل عقد تأسيس الشركة أو نظامها الأساس، وبشرط استيفاء شروط التأسيس والشهر والقيد في السجل التجاري المقررة للنوع الذي حولت إليه الشركة (المادة ١٨٧،١).

يجوز للشركاء أو المساهمين الذين اعترضوا على قرار التحول، طلب التخارج من الشركة (المادة ١٨٧،٢).

تُحوَّلُ شركة التضامن والتوصية البسيطة وذات المسؤولية المحدودة إلى شركة مساهمة إذا طلب ذلك الشركاء المالكون لأكثر من نصف رأس المال مالم ينص في عقد تأسيسها على نسبة أقل (وفي حال ينص في عقد تأسيس الشركة نسبة أقل من نصف رأس المال، يجب أن تكون جميع حصص الشركة التي طلبت التحوُّل مملوكة من ذَوِيّ قُرْبى حتى الدرجة الرابعة) (المادة ١٨٧,٣).

ب. اندماج الشركات

١. نظرة عامة

حسب نظام الشركات، هناك نوعان لاندماج الشركة (المادة ١٩١,١):

- ضَمّ شركة أو أكثر إلى شركة أخرى قائمة (مثلا، عبر شراء جميع الحصص للشركة) (بالإنجليزية، يسمّى هذا النوع "acquisition")؛ أو
- مَزْج شركتين أو أكثر لتأسيس شركة جديدة (بالإنجليزية، يسمّى هذا النوع "merger").

ويحدد عقد الاندماج شروط الاندماج، ويُبَيّنُ طريقة تقويم ذِمّة والالتزامات الشركة المندمجة وعدد الحصص أو الأسهم التي تَخَصُّها في رأس مال الشركة الدامجة أو الشركة الناشئة من الاندماج (المادة ١٩١,١).

تنتقل جميع حقوق الشركة المُنْدَمِجة والتزاماتها إلى الشركة الدامجة (أو الشركة الجديدة الناشئة من الاندماج) بعد انتهاء إجراءات الدمج وتسجيل الشركة وفقاً لأحكام النظام (المادة ١٩٢).

٢. الميعاد لتنفيذ الاندماج ودائنو الشركة المندمجة

i. حسب نظام الشركات الجديد

يكون قرار الاندماج نافذاً بعد انقضاء ٣٠ يوماً من تاريخ شهره (المادة ١٩٣,١).

لدائني الشركة المندمجة خلال ٣٠ يوماً أن يعترضوا على الاندماج بخطاب مسجل إلى الشركة. وفي هذه الحالة يوقف الاندماج إلى أن (المادة ١٩٣,٢):

- يتنازل الدائن عن المعارضة؛ أو
- تدفع الشركة الدين؛ أو
- تقدّم الشركة للدائن ضماناً كافياً للوفاء به.

ii. حسب نظام الشركات السابق

حسب نظام الشركات السابق، كان قرار الاندماج نافذاً بعد انقضاء ٩٠ يوماً من تاريخ شهره.

وكان لدائني الشركة المندمجة خلال ٩٠ يوما امكانية ان يعارضوا في الاندماج. وفي هذه الحالة يظل الاندماج موقوفاً الى ان (المادة ٢١٥):

- يتنازل الدائن عن المعارضة؛ او
- تقضي (هيئة حسم منازعات الشركات التجارية) بناءً على طلب الشركة بعدم صِحة المعارضة؛ أو
- تقدم الشركة ضماناً كافياً للوفاء بدين المعترض؛

IV. تصفية الشركات

تدخل الشركة بمجرد انقضائها (أيْ، انقضاء المدة المحددة لها) دور التصفية (المادة ٢٠٥,١).

ما لم ينص عقد تأسيس الشركة أو نظامها الأساس أو يتفق الشركاء على كيفية تصفية الشركة عند انقضائها، تتم التصفية وفقاً للأحكام المنصوص عليها في نظام الشركات (المادة ٢٠٤). وحسب نظام الشركات، يقوم بالتصفية مصف واحد أو أكثر، من الشركاء أو من غيرهم (المادة ٢٠٥،١). مثلا، إذا قرر الشركاء أن يصفو الشركة، يمكنهم أن يقومون بالتصفية بنفسِهم أو تعيين شركة أخرى كالمصفّي.

V. مخالفات نظام الشركات والعقوبات (الباب ١١)

أ. نظرة عامة

١. الفارق الأول: اِرتفاع حدود العقوبات

حسب نظام الشركات الجديد، يمكن ان تصل العقوبات إلى السجن لمدة ٥ سنوات والغرامة بمبلغ ٥,٠٠٠,٠٠٠ ريال. وهذا فارق مهم بين النظام الجديد والنظام القديم، الذي حدد عقوبة السجن لمدة سنة واحدة كَحد أقصى وحدد الغرامة بمبلغ ٢٠,٠٠٠ ريال كَحد أقصى.

هناك ٣ درجات للمخالفات والعقوبات حسب نظام الشركات الجديد:

- المخالفات والعقوبات الجسيمة (المادة ٢١١)؛
- المخالفات والعقوبات المتوسطة (المادة ٢١٢)؛ و
- المخالفات والعقوبات البسيطة (المادة ٢١٣).

٢. الفارق الثاني: تطبيق عقوبة السجن

في نظام الشركات السابق، تُطَبَّق عقوبة السجن في حالة النية غير المشروعة (مثال لذلك، التدليس والاحتيال) فقط. وفي هذا الحال، تطَبَّقُ عقوبة السجن لمدة سنة واحدة كحد أقصى.

وفي نظام الشركات الجديد، ما زالت أن تطبَّق عقوبة السجن في حالة النية غير المشروعة (الحِقْد واحتيال)، ولاكن هناك فارق مهم بين النظام القديم والنظام الجديد:

- في نظام الشركات السابق، تطبَّق عقوبة السجن في حالة الحِقْد والخداع فقط؛
- في نظام الشركات الجديد، تطبَّق عقوبة السجن في حالة النية غير المشروعة وايضا في حالات غير متعلقة بالنية أو القصد السيئة وغير المشروع. مثلا، كل من **استخدم الشركة في الغرض غير الذي رُخَصت** من أجله يعاقَب بالسجن مدة لا تزيد على سنة أو\و بغرامة لا تزيد على ١,٠٠٠,٠٠٠ ريال.

ب. درجات المخالفات والعقوبات

١. المخالفات والعقوبات الجسيمة (المادة ٢١١)

تُعاقَبُ المخالفات الجسيمة بالسجن لمدة لا تزيد على ٥ سنوات و\أو بغرامة لا تزيد على ٥,٠٠٠,٠٠٠ ريال.

وهذه المخالفات تشمُل التآلي (المادة ٢١١):

- كل مدير أو مسؤول أو عضو مجلس إدارة أو مراجع حسابات أو مُصَفٍ سجَّل بيانات كاذبة في القوائم المالية أو تقارير للشركاء أو للجمعية العامة؛
- كل مدير أو مسؤول أو عضو مجلس إدارة يستعمل أموال الشركة استعمالاً يَعْلَمُ أنه ضد مصالح الشركة لتحقيق أغراض شخصية؛
- كل مدير أو مسؤول أو عضو مجلس إدارة يستعمل سلطاته استعمالاً يعلَم أنه ضد مصالح الشركة.

٢. المخالفات والعقوبات المتوسطة (المادة ٢١٢)

تُعاقَبُ المخالفات المتوسطة بالسجن لمدة لا تزيد على سنة واحدة و\أو بغرامة لا تزيد على ١,٠٠٠,٠٠٠ ريال.

وهذه المخالفات تشمُلُ التآلي (المادة ٢١٢):

- كل موظف عام كَشَفَ أسرار الشركة لغير الجهات المختصّة؛
- كل شخص معين من أجلِ التفتيش على الشركة يثبِتُ عمداً فيما يُعَدُّ من تقارير وقائع كاذبة؛
- كل من أعلن أو نشر بأي وسيلة قاصداً الإيهام بحصول تسجيل شركة لم تستكمل إجراءات تسجيلها.

٣. المخالفات والعقوبات البسيطة (المادة ٢١٣)

تُعاقَبُ المخالفات البسيطة بغرامة لا تزيد على ٥٠٠,٠٠٠ ريال.

وهذه المخالفات تشمُل التآلي (المادة ٢١٣):

- كل من حصل على منفعة أو وعد بها مقابل التصويت في اتجاه معين أو عدم المشاركة في التصويت، وكذلك كل من منح أو ضمن أو وعد بتلك المنفعة؛
- كل من أخلَّ بأدَاء واجبه في نشر القوائم المالية للشركة وفقاً لأحكام نظام الشركات؛
- كل من لم يضع الوثائق اللازمة في متناول المساهم أو الشريك وفقاً لأحكام نظام الشركات.

الفصل ٣. أنواع الشركات

I. المؤَسّسة الفَرديّة

أ. تعريفها

وزارة التجارة والاستثمار السعودية تسمح تسجيل مؤسسات فردية في المملكة العربة السعودية، ولكن نظام الشركات السعودي لم يتطرّقْ إلى موضوع المؤسسات الفردية. تسمح نظام الشركات السعودي الجديد تأسيس بَعْض الشركات (الشركات المساهمة والشركات ذات المسؤولية المحدودة) بشريك واحد، ولكن لا يوجد في نظام الشركات الجديد باب أو فصل مخصَّص بـ"المؤسسة الفردية" كنوع من أنواع الشركات التي يمكنُ للمستثمر اختيارُها.

لماذا لم يتطرّقْ نظام الشركات إلى المؤسسة الفردية؟ ليس هناك سبب معين واضح، ولكننا نخمن أنّه بسبب تعريف "الشرك" الذي يحدد النظام. كما قرأنا أعلاه، يُعرّف نظام الشركات السعودي الجديد "الشركة" كالتالي (المادة ٢):

- عقد يلتزم بمقتضاه **اشخاص (اثنان أو اكثر)** بأن يساهمْ كل منهُم في مشروع يستهدف الربح.

بالطبع، لا يمكنها للمؤسسة الفردية أن تكون "شركة" حسب نظام الشركات لأنّ لا يوجد فيها اشخاص (اثنان أو اكثر) يساهمون في مشروع يستهدف الربح؛ يوجد في المؤسسة الفردية شخص واحد يستهدف الربح. يمكنه توظيف أشخاص آخرين، ولكن هؤلاء الاشخاص موظفين فقط ولا يشاركون معه الربح أو الخسارة التي يُنشئه المشروع.

ب. مسؤولية صاحبها

مسؤولية اصحاب المؤسسة الفردية ليست محدودة بالقانون البجاري السعودي او نظام الشركات.

II. الفرع لشركة اجنبية

نظام الشركات السابق لم يُخَصِّصُ باب أو فصل لفروع الشركات الاجنبية. بالمقابل، تم مناقشة الفرع للشركات الاجنبية في الباب التاسع لنظام الشركات الجديد، الذي ينظِّم الشركات الاجنبية التي تُزَاوِلُ نشاطَها وأعمالَها داخل المملكة، سواء كان ذلك عن طريق فرع أو مكتب أو وكالة (المادة ١٩٤).

لا يجوز للشركات الأجنبية أن تنشئ فروعاً لها داخل المملكة العربية السعودية، إلا بعد صدور ترخيص لها من الهيئة العامة للاستثمار والجهة المختصة بالتنظيم والإشراف على نوع النشاط أو الأعمال التي تزاولها الشركة الأجنبية داخل المملكة (المادة ١٩٥). مثلا، على الشركة الاجنبية التي تزاول الاعمال في قطاع الخدمات الطبية الحصول على ترخيص من الهيئة العامة للاستثمار ووزارة الصحة وفي بعض الحالات من الهيئة السعودية للدواء والغذاء ايضًا.

إذا زاولت الشركة الأجنبية نشاطها وأعمالها قبل قيامها باستيفاء إجراءات ترخيصها وقيدها في السجل التجاري، أو قامت بأعمال تجاوزت المرخص بها، كانت الشركة والأشخاص الذين أجروا تلك الأعمال مسؤولين عنها على وجه التضامن (المادة ١٠١).

وحتى لو زاولت فرع الشركة الأجنبية نشاطها وأعمالها في المملكة العربية السعودية بعد قيامها باستيفاء إجراءات ترخيصها وقيدها في السجل التجاري، أو قامت بأعمال لم تتجاوز الأنشطة المرخَّصة بها، تكون الشركة الاجنبية مسؤولة عن كل الديون والالتزامات للفرع. نظام الشركات تفرِّق بين الشركات ذات المسؤولية المحدودة والمساهمة من جهة، وبين فروع الشركات عامةً حيثُ أنّ فروع الشركات تتبع مسؤوليتها للشركة الأم من نحيه الالتزامات والديون والذمّة.

وهذا لأنّ نظام الشركات يمنح للشركة الصاحبة للفرع مسؤولية كاملة من نحية الديون والالتزامات والذمّة. بالعكس، يحدد النظام مسؤولية شركاء الشركات ذات المسؤولية المحدودة والمساهمة. بالمقابل، يعتبر الفرع وشريكُهُ ككيان واحد ولا يميز النظام بينهما. بناءً على ذلك، ديون والتزامات الفرع هي مسؤولية الشركة الأم.

إذا كان وجود الشركة الأجنبية في المملكة من أجل تنفيذ أعمال محددة وخلال مدة محددة، يكون تسجيلها وقيدها في السجل التجاري بصورة

مؤقتة ينتهيان بانتهاء تلك الأعمال وتنفيذها، ويشطب تسجيلها بعد تصفية حقوقها والتزاماتها (المادة ٢٠٢).

III. شركة المحاصة

شركة المحاصَّة هي (المادة ٤٣):

- شركة تَسْتَتِرُ عن الغير؛
- لا تتمتع بشخصية اعتبارية (legal personality)؛
- لا تخضع لإجراءات الشهر(مثلا، في جريدة اسبوعية أم القرى، الجريدة الرسمية للمملكة العربية السعودية)؛
- ولا تُقَيَّد في السجل التجاري.

IV. شركة التضامُن

شركة التضامن شركة بين أشخاص طبيعيين يكونون فيها مسؤولين شخصياً في جميع أموالهم وبالتضامن عن ديون الشركة والتزاماتها (المادة ١٧).

مثلا، إنْ كان هناك دين للشركة التضامُن بسبب فِعْل العملية احد الشركاء، ردّ على الدين جيع الشركاء، حتى الشركاء الذين لم يشاركون في الفِعل أو العلمية التي سببت الخسارة، ، كمسؤولون فيها. يكون الشريك الذي لم يشارك في العملية التي سبب الديون مسؤول في جميع أمواله. مثلا، إذا موجودات الشركة لم تَكْفِي لتصفية الديون، يُعَدُّ الشريك مسؤولًا عن الديون مع أمواله وموجوداته الشخصية (عقاراته، سياراته، إلخ). وهذه هو الفرق الرئيسي بين الشركات التي لا تحدد مسؤولية شركائها (الفرع لشركة أجنبية، شركة التضامن، شركة المحاصة، إلخ) والشركات التي تحدد مسؤوليتهم (شركة المساهمة، الشركة ذات المسؤولية المحدودة، إلخ).

V. شركة التوصية البسيطة

شركة التوصية البسيطة شركة تتكون من فريقين من الشركاء:

- فريق يَضُمُّ على الأقل شريكاً متضامناً (general partner) ومسؤولاً في جميع أمواله عن ديون الشركة والتزاماتها. يكتسب هذا الشريك المتضامن صفة التاجر؛ و
- فريق آخر يضم على الأقل شريكاً موصياً (/ sleeping / silent limited partner) لا يكون مسؤولاً عن ديون الشركة والتزاماتها إلا في حدود حصته في رأس مال الشركة. لا يكتسب الشريك الموصي صفة التاجر.

VI. شركة المُساهِمَة

شركة المساهمة شركة رأس مالها مقسم إلى أسهم متساوية القيمة وقابلة للتداول (“negotiatible” shares). تكون شركة المساهمة وحدها مسؤولة عن الديون والالتزامات المترتبة على ممارسة نشاطها (المادة ٥٢).

للمزيد من المعلومات عن الشركة ذات المسؤولية المحدودة، أُنظر إلى الفصل ٤، شركة السماهة، ادناه.

VII. الشركة ذات المَسْؤُولِيَّة المحدودة

الشركة ذات المسؤولية المحدودة شركة لا يزيد عدد الشركاء فيها على خمسين شريكاً (المادة ١٥١,١).

تُعَدُّ ذِمّتُها مستقلة عن الذِمّة المالية لكل شريك فيها. كالشركة المساهمة، تكون الشركة وحدُها مسؤولة عن الديون والالتزامات المترتّبة عليها، ولا يكون المالك للشركة أو الشريك فيها مسؤولاً عن تلك الديون والالتزامات (المادة ١٥١,١).

للمزيد من المعلومات عن الشركة ذات المسؤولية المحدودة، أُنظر إلى الفصل ٥، الشركة ذات المسؤولية المحدودة، ادناه.

VIII. الشركة القابضة

الشركة القابضة شركة مساهمة أو ذات مسؤولية محدودة تهدف إلى السيطرة على شركات أخرى مساهمة أو ذات مسؤولية محدودة تدعى

الشركات التابعة، وذلك بامتلاك أكثر من نصف رأس مال تلك الشركات أو بالسيطرة على تشكيل مجلس إدارتها (المادة ١٨٢,١).

يجب أن يقترن اسم الشركة القابضة بكلمة (قابضة) (المادة ١٨٢,٢).

تخضع الشركة القابضة للأحكام الواردة في هذا الباب وما لا يتعارض معها من الأحكام المقررة في النظام وفقاً لنوع الشركة الذي اتخذته (شركة المساهمة، ذات المسؤولية المحدودة، إلخ) (المادة ١٨٦).

الفصل ٤. شركة المساهمة

I. احكام عامة

شركة المساهمة شركة رأس مالها مقسم إلى أسهم متساوية القيمة وقابلة للتداول (“negotiatible” shares). تكون شركة المساهمة وحدها مسؤولة عن الديون والالتزامات المترتبة على ممارسة نشاطها (المادة ٥٢).

II. نوعَيْ الشركة

لمؤسسين شركة المساهمة الخيار بين نوعين الشركة ولتمويلها:

- شركة المساهمة المقفلة
- شركة المساهمة العامة

أ. شركة المساهمة المقفلة

يَقْصُرُ المؤسسون الاكتتاب بجميع الأسهم على أَنْفُسِهِم.

ب. شركة المساهمة العامة (المفتوحة)

لم يقصُرُ المؤسسون الاكتتاب بجميع الأسهم على أنفُسِهِم، بل يطرحون الأسهم التي لم يكتتبوا بها للاكتتاب وفقاً لنظام السوق المالية (المادة ٥٨).

III. التأسيس

يكون الترخيص بتأسيس شركة المساهمة بقرار من الوزارة، بما في ذلك التي تؤسسها أو تشترك في تأسيسها الدولة أو غيرها من الأشخاص ذوي الصفة الاعتبارية العامة (المادة ٦٠,١).

IV. إدارتها

أ. مجلس الإدارة

تُدارُ شركة المساهمة من قِبَل **مجلس إدارة** ويحدد نظام الأساس للشركة عدد أعضاء هذا المجلس. عدد الأعضاء لا يقل عن ٣ ولا يزيد على ١١ (المادة ٦٨,١).

يعين مجلس الإدارة من بين أعضائِهِ **رئيساً ونائباً للرئيس**، ويجوز أن يعين **عضواً منتدباً** (المادة ٨١,١).

ب. جمعيات عامة للمساهمين

١. نظرة عامة

يَرْأَسُ اِجتماعات الجمعيات العامة للمساهمين رئيس مجلس الإدارة أو نائبُهُ عند غيابه أو من ينتدبه مجلس الإدارة من بين أعضائه لذلك في حال غياب رئيس مجلس الإدارة ونائبه (المادة ٨٦,١).

يجوز للوزارة (وكذلك لهيئة السوق المالية في الشركات المدرَّجة في السوق المالية) أن تُوْفِد مندوباً (أو أكثر) بوصفِهِ مراقباً لحضور الجمعيات العامة للشركات، للتأكد من تطبيق أحكام النظام (المادة ٨٦,٤).

٢. الجمعية العامة العادية

فيما عدا الأمور التي تختص بها الجمعية العامة غير العادية (مثلا، زيادة أو تخفيض رأس مال الشركة)، تختص الجمعية العامة العادية بجميع الأمور المتعلقة بالشركة.

تنعقد الجمعية العامة العادية مرة على الأقل في السنة خلال الأشهر الستة التالية لانتهاء السنة المالية للشركة. يجوز دعوة جمعيات عامة عادية أخرى كلما دعت الحاجة إلى ذلك (المادة ٨٧).

٣. الجمعية العامة غير العادية

تختصّ الجمعية العامة غير العادية بتعديل نظام الشركة الأساس. للجمعية العامة غير العادية أن تصدر ايضا قرارات في الأمور الداخلة أصلاً

في اختصاصات الجمعية العامة العادية، وذلك بالشروط والأوضاع نفسها المقررة للجمعية العامة العادية (المادة ٨٨).

V.   لجنة المراجعة

تشكل بقرار من الجمعية العامة العادية في شركات المساهمة لجنة مراجعة **من غير أعضاء مجلس الإدارة التنفيذيين** سواء من المساهمين أو من غيرهم، على ألا يقل عدد أعضائها عن ثلاثة ولا يزيد لى خمسة، وأن تحدد في القرار مهمات اللجنة وضوابط عملها، ومكافآت أعضائها (المادة ١٠١).

VI   الصكوك التي تصدرها الشركة

تصدر شركة المساهمة نوعَيْن من الصكوك:

-   الأسهم؛ و
-   أدوات \ صكوك الدين و الأدوات \ الصكوك التمويلية.

تكون القيمة الاسمية للسهم عشرة ريالات (المادة ١٠٥,٢).

تصدر أسهم الشركة مقابل حصص نقدية أو عينية (in-rem) (المادة ١٠٦,١). يَجِب ألا يقل المدفوع من قيمة الأسهم التي تصدر مقابل حصص نقدية **عن ربع قيمتها الاسمية** (المادة ١٠٦,٢).

VII. النماذج

أ. نموذج عقد تأسيس لشركة مساهمة

عقد تأسيس شركة__________ مساهمة مقفلة/مدرجة

مبرم بين كل من:

١. السيد /................................، .... الجنسية، بموجب سجل مدني (رقم) ....(وتاريخ).../.... /........هـ صادر من .... ومهنته ....، تاريخ الميلاد (............) ويقيم في ....

٢. السيد /................................، .... الجنسية، بموجب سجل مدني (رقم) ....(وتاريخ).../.... /........هـ صادر من .... ومهنته ....، تاريخ الميلاد (............) ويقيم في ....

أتفق الموقعون على العقد وهم جميعاً كاملو الأهلية وبالحالة المعتبر شرعاً على أنشا شركة مساهمة سعودية مقفلة بموجب أحكام نظام التركات الصادر بالمرسوم الملكي رقم م /3 بتاريخ 28 /1 / 1437 هـ ووفقاً للشروط التالية:

المادة (١) الأولى: اسم الشركة:

شركة (.........................) شركة مساهمة مقفلة/ مدرجة.

المادة (٢) الثانية: مركز الشركة الرئيس:

يقع المركز الرئيس للشركة في مدينة ....، ويجوز أن ينشئ لها فروع أو مكاتب أو توكيلات داخل المملكة أو خارجها بقرار من.........

المادة (٣) الثالثة: أغراض الشركة:

تقوم الشركة بمزاولة وتنفيذ الأغراض التالية:

١/..

٢/..

٣/..

وتمارس الشركة أنشطتها وفق الأنظمة المتبعة وبعد الحصول على التراخيص اللازمة من الجهات المختصة أن وجدت.

المادة (٤) الرابعة: المشاركة والتملك في الشركات:

يجوز الشركة المشاركة في الشركات الأخرى كما يجوز لها أنشاء شركات بمفردها (ذات مسؤولية محدودة) أو مساهمة مقفلة بشرط ألا يقل رأس المال عن (٥) مليون ريال.

المادة (٥) الخامسة: مدة الشركة:

مدة الشركة(.......)سنة هجرية / ميلادية تبدأ من تاريخ قيدها بالسجل التجاري ويجوز دائماً أطاله مدة الشركة بقرار تصدره الجمعية العامة غير العادية قبل انتهاء أجلها بسنة واحدة على الأقل.

المادة (٦) السادسة: رأس المال:

حدد رأس مال الشركة بـ (.................) ريال سعودي (يحدد كتابة ورقما) مقسم الى (...........) سهم أسمي متساوية القيمة، قيمة كل منها (.....) ريال سعودي وجميعها أسهماً عادية نقدية/ ... سهم نقدي، و.... سهم عيني / عينية.

المادة (٧) السابعة: الاكتتاب:

اكتتب المؤسسون في كامل أسهم رأس المال البالغة (...........) مدفوعة بالكامل / أو دفع من قيمتها .... ريال على أن يتم دفع باقي قيمة الأسهم النقدية في المواعيد التي يحددها مجلس الإدارة.

ملاحظة ــ (في حال الطرح للاكتتاب العام يضاف للمادة ما يلي):

أما باقي أسهم رأس المال وعددها (..........) سهم نقدي فسوف تطرح للاكتتاب العام وفقاً لنظام السوق المالية.

وتم توزيع الأسهم على المؤسسين كالتالي

م	المؤسسون	عدد الأسهم		قيمة الأسهم		قيمة المدفوع من الأسهم		نسبة المساهمة
		عيني	نقدي	عيني	نقدي	عيني	نقدي	
1								%....
2								%....
الإجمالي								%100

وقد تم أيداع كافة المبالغ النقدية المدفوعة من رأس المال لدي بنك .... باسم الشركة تحت التأسيس.

وتم تقدير الموجودات العينية بموجب تقدير...............وبيانها كما يلي:

مقدم الموجودات العينية	بيان نوع الاصل		القيمة بالريال
الإجمالي			

المادة (٨) الثامنة: تشكيل مجلس الإدارة:

يتولى إدارة الشركة مجلس إدارة مؤلف من (...) (لا يقل عن ثلاثة اعضاء ولا يزيد عن إحدى عشر عضوًا) عضواً تنتخبهم الجمعية العامة العادية للمساهمين لمدة لا تزيد عن ثلاث سنوات، واستثناء من ذلك عين المؤسسون أول مجلس إدارة لمدة .... سنوات (لا تتجاوز خمس سنوات) على النحو التالي:

م	الاسم	المنصب
1		
2		
3		

المادة (٩) التاسعة: تمثيل الشركة:

يمثل رئيس مجلس الإدارة الشركة أمام القضاء وهيئات التحكيم والغير. ولرئيس المجلس بقرار مكتوب أن يفوض بعض صلاحياته الى غيره من أعضاء المجلس أو من الغير في مباشرة عمل أو أعمال محددة.

ويحل نائب رئيس مجلس الإدارة محل رئيس المجلس عند غيابه.

المادة (١٠) العاشرة: السنة المالية:

تبدأ السنة المالية للشركة من أول شهر .... وتنتهي بنهاية شهر .... من كل سنة على أن تبدأ السنة المالية الأولي من تاريخ قيدها بالسجل التجاري وحتى نهاية شهر .... من السنة الحالية /التالية.

(تحدد السنة الأولى بمدة لا تقل عن ستة أشهر ولا تزيد على ثمانية عشر شهراً).

المادة (١١) الحادية عشرة: أحكام عامة:

يخضع كل ما لم يرد به نص بهذا العقد لنظام الشركات السعودي ولوائحه ونظام الشركة الأساس.

المادة (١٢) الثانية عشرة: نسخ العقد:

حرر هذا العقد من (.....) نسخ تسلم كل مؤسس نسخة منها للعمل بموجبه والنسخ الأخرى لتقديمها للجهات المختصة لاستكمال الإجراءات النظامية. وقد فوض المؤسسون الأستاذ /............................., لإتمام الإجراءات النظامية اللازمة لتأسيس الشركة على شكل شركة مساهمة مقفلة والمتابعة لدى الجهات المختصة والتوقيع نيابة عنهم فيما يختص بهذا الشأن.

م	اسم المؤسس	التوقيع
1		
2		

ب. نموذج نظام أساس لشركة المساهمة

نظـام الأسـاس لشركة _____

(شركة مساهمة مقفلة/مدرجة)

الباب الأول: تأسيس الشركة:

المادة (١) الأولى: التأسيس :

تؤسس طبقا لأحكام نظام الشركات ولوائحه وهذا النظام شركة مساهمة سعودية وفقا لما يلي:

المادة (٢) الثانية: اسم الشركة:

شركة (.....................................) شركة مساهمة مقفلة/ مدرجة.

المادة (٣) الثالثة: أغراض الشركة:

تقوم الشركة بمزاولة وتنفيذ الأغراض التالية:

١/..
٢/..
٣/..

وتمارس الشركة أنشطتها وفق الأنظمة المتبعة وبعد الحصول على التراخيص اللازمة من الجهات المختصة إن وجدت.

المادة (٤) الرابعة: المشاركة والتملك في الشركات:

يجوز للشركة إنشاء شركات بمفردها (ذات مسؤولية محدودة أو مساهمة مقفلة) بشرط ألا يقل رأس المال عن (٥) مليون ريال كما يجوز لها أن تمتلك الأسهم والحصص في شركات أخرى قائمة أو تندمج معها ولها حق الاشتراك مع الغير في تأسيس الشركات المساهمة أو ذات المسئولية

المحدودة وذلك بعد استيفاء ما تتطلبه الأنظمة والتعليمات المتبعة في هذا الشأن. كما يجوز للشركة أن تتصرف في هذه الأسهم أو الحصص على ألا يشمل ذلك الوساطة في تداولها.

المادة (٥) الخامسة: المركز الرئيس للشركة:

يقع المركز الرئيس للشركة في مدينة ....، ويجوز أن ينشأ لها فروع أو مكاتب أو توكيلات داخل المملكة أو خارجها بقرار من.........

المادة (٦) السادسة: مدة الشركة:

مدة الشركة (........) سنة هجرية / ميلادية تبدأ من تاريخ قيدها بالسجل التجاري، ويجوز دائماً إطالة هذه المدة بقرار تصدره الجمعية العامة غير العادية قبل انتهاء اجلها بسنة واحدة على الأقل.

الباب الثاني: رأس المال والأسهم

المادة (٧) السابعة: رأس المال:

حدد رأس مال الشركة بـ (...............) ريال سعودي يحدد (كتابة ورقما) مقسم إلى (..........) سهم أسمي متساوية القيمة، قيمة كل منها (.....) ريال سعودي وجميعها أسهم عادية نقدية/ ... سهم نقدي، و....سهم عيني / عينية مقابل موجودات عينية تم تقديرها بموجب تقدير...

المادة (٨) الثامنة: الاكتتاب في الأسهم:

اكتتب المؤسسون في كامل أسهم رأس المال البالغة (............) مدفوعة بالكامل / أو دفع من قيمتها .... ريال على أن يتم دفع باقي قيمة الأسهم النقدية في المواعيد التي يحددها مجلس الإدارة، وقد تم إيداع كافة المبالغ النقدية المدفوعة من رأس المال لدي بنك .... باسم الشركة تحت التأسيس.

(ملاحظة)- في حال الطرح للاكتتاب العام يضاف للمادة ما يلي:

أما باقي أسهم رأس المال وعددها (..........) سهم نقدي فسوف تطرح للاكتتاب العام وفقاً لنظام السوق المالية.

المادة (٩) التاسعة: الأسهم الممتازة:

يجوز للجمعية العامة غير العادية للشركة طبقاً للأسس التي تضعها الجهة المختصة أن تصدر أسهماً ممتازة أو أن تقرر شراءها أو تحويل أسهم عادية إلى أسهم ممتازة أو تحويل الاسهم الممتازة إلى عادية ولا تعطي الأسهم الممتازة الحق في التصويت في الجمعيات العامة للمساهمين وترتب هذه الاسهم لأصحابها الحق في الحصول على نسبة أكثر من أصحاب الأسهم العادية من الارباح الصافية للشركة بعد تجنيب الاحتياطي النظامي.

المادة (١٠) العاشرة بيع الأسهم الغير مستوفاة القيمة:

يلتزم المساهم بدفع قيمة السهم في المواعيد المعينة لذلك، وإذا تخلف عن الوفاء في ميعاد الاستحقاق، جاز لمجلس الإدارة بعد إعلامه عن طريق.... أو إبلاغه بخطاب مسجل بيع السهم في المزاد العلني أو سوق الأوراق المالية بحسب الأحوال وفقاً للضوابط التي تحددها الجهة المختصة.

وتستوفي الشركة من حصيلة البيع المبالغ المستحقة لها وترد الباقي إلى صاحب السهم. وإذا لم تكف حصيلة البيع للوفاء بهذه المبالغ، جاز للشركة أن تستوفي الباقي من جميع أموال المساهم.

ومع ذلك يجوز للمساهم المتخلف عن الدفع إلى يوم البيع دفع القيمة المستحقة عليه مضافاً إليها المصروفات التي أنفقتها الشركة في هذا الشأن.

وتلغي الشركة السهم المبيع وفق اً لأحكام هذه المادة، وتعطي المشتري سهماً جديد اً يحمل رقم السهم الملغى، وتؤشر في سجل الأسهم بوقوع البيع مع بيان اسم المالك الجديد.

المادة (١١) الحادية عشرة: إصدار الأسهم:

تكون الأسهم اسمية ولا يجوز أن تصدر بأقل من قيمتها الاسمية، وإنما يجوز أن تصدر بأعلى من هذه القيمة، وفي هذه الحالة الأخيرة يضاف فرق القيمة في بند مستقل ضمن حقوق المساهمين. ولا يجوز توزيعها كأرباح على المساهمين. والسهم غير قابل للتجزئة في مواجهة الشركة، فاذا ملك السهم اشخاص متعددون وجب عليهم ان يختاروا أحدهم لينوب

عنهم في استعمال الحقوق المتعلقة به، ويكون هؤلاء الأشخاص مسؤولين بالتضامن عن الالتزامات الناشئة من ملكية السهم.

المادة (١٢) الثانية عشرة: تداول الأسهم:

لا يجوز تداول الأسهم التي يكتتب بها المؤسسون إلا بعد نشر القوائم المالية عن سنتين ماليتين لا تقل كل منهما عن اثني عشر شهراً من تاريخ تأسيس الشركة. ويؤشر على صكوك هذه الأسهم بما يدل على نوعها وتاريخ تأسيس الشركة والمدة التي يمنع فيها تداولها.

ومع ذلك يجوز خلال مدة الحظر نقل ملكية الأسهم وفقاً لأحكام بيع الحقوق من أحد المؤسسين إلى مؤسس آخر أو من ورثة أحد المؤسسين في حالة وفاته إلى الغير أو في حالة التنفيذ على أموال المؤسس المعسر أو المفلس، على أن تكون أولوية امتلاك تلك الأسهم للمؤسسين الآخرين.

وتسري أحكام هذه المادة على ما يكتتب به المؤسسون في حالة زيادة رأس المال قبل انقضاء مدة الحظر.

المادة (١٣) الثالثة عشرة: سجل المساهمين:

(ينبغي الأخذ بأحد الخيارين)

١. (غير المدرجة بالسوق المالية)

تتداول أسهم الشركة بالقيد في سجل المساهمين الذي تعده أو تتعاقد على إعداده الشركة، الذي يتضمن أسماء المساهمين وجنسياتهم وأماكن إقامتهم ومهنهم وأرقام الأسهم والقدر المدفوع منها، ويؤشر في هذا القيد على السهم. ولا يعتد بنقل ملكية السهم الاسمي في مواجهة الشركة أو الغير إلا من تاريخ القيد في السجل المذكور.

٢. (مدرجة بالسوق المالية)

تتداول أسهم الشركة وفقاً لأحكام نظام السوق المالية.

المادة (١٤) الرابعة عشرة: زيادة رأس المال:

١. للجمعية العامة غير العادية أن تقرر زيادة رأس مال الشركة، بشرط أن يكون رأس المال قد دفع كاملاً. ولا يشترط أنْ يكون رأس المال قد دفع بأكملِهِ إذا كان الجزء غير المدفوع من رأس المال يعود إلى أسهم صدرت

مقابل تحويل أدوات دين أو صكوك تمويلية إلى أسهم ولم تنته بعد المدة المقررة لتحويلها إلى أسهم.

٢. للجمعية العامة غير العادية في جميع الأحوال أن تخصص الأسهم المصدرة عند زيادة رأس المال أو جزءاً منها للعاملين في الشركة والشركات التابعة أو بعضها، أو أي من ذلك. ولا يجوز للمساهمين ممارسة حق الأولوية عند إصدار الشركة للأسهم المخصصة للعاملين.

٣. للمساهم المالك للسهم وقت صدور قرار الجمعية العامة غير العادية بالموافقة على زيادة رأس المال الأولوية في الاكتتاب بالأسهم الجديدة التي تصدر مقابل حصص نقدية، ويبلغ هؤلاء بأولويتهم بالنشر في جريدة يومية أو بإبلاغهم بوساطة البريد المسجل عن قرار زيادة رأس المال وشروط الاكتتاب ومدته وتاريخ بدايته وانتهائه.

٤. يحق للجمعية العامة غير العادية وقف العمل بحق الأولوية للمساهمين في الاكتتاب بزيادة رأس المال مقابل حصص نقدية أو إعطاء الأولوية لغير المساهمين في الحالات التي تراها مناسبة لمصلحة الشركة.

٥. يحق للمساهم بيع حق الأولوية أو التنازل عنه خلال المدة من وقت صدور قرار الجمعية العامة بالموافقة على زيادة رأس المال إلى آخر يوم للاكتتاب في الأسهم الجديدة المرتبطة بهذه الحقوق، وفقاً للضوابط التي تضعها الجهة المختصة.

٦. مع مراعاة ما ورد في الفقرة (٤) أعلاه، توزع الأسهم الجديدة على حَمَلَة حقوق الأولوية الذين طلبوا الاكتتاب، بنسبة ما يملكونه من حقوق أولوية من إجمالي حقوق الأولوية الناتجة من زيادة رأس المال، بشرط ألا يتجاوز ما يحصلون عليه ما طلبوه من الأسهم الجديدة، ويوزع الباقي من الأسهم الجديدة على حملة حقوق الأولوية الذين طلبوا أكثر من نصيبهم، بنسبة ما يملكونه من حقوق أولوية من إجمالي حقوق الأولوية الناتجة من زيادة رأس المال، بشرط ألا يتجاوز ما يحصلون عليه ما طلبوه من الأسهم الجديدة، ويطرح ما تبقى من الأسهم على الغير، ما لم تقرر الجمعية العامة غير العادية أو ينص نظام السوق المالية على غير ذلك.

المادة (١٥) الخامسة عشرة: تخفيض رأس المال:

للجمعية العامة غير العادية أن تقرر تخفيض رأس المال إذا زاد على حاجة الشركة أو إذا منيت بخسائر. ويجوز في الحالة الأخيرة وحدها تخفيض رأس

المال إلى ما دون الحد المنصوص عليه في المادة (الرابعة والخمسين) من نظام الشركات. ولا يصدر قرار التخفيض إلا بعد تلاوة تقرير خاص يعده مراجع الحسابات عن الأسباب الموجبة له وعن الالتزامات التي على الشركة وعن أثر التخفيض في هذه الالتزامات.

وإذا كان تخفيض رأس المال نتيجة زيادته على حاجة الشركة، وجبت دعوة الدائنين إلى إبداء اعتراضاتهم عليه خلال ستين يوماً من تاريخ نشر قرار التخفيض في جريدة يومية توزع في المنطقة التي فيها مركز الشركة الرئيس. فإن اعترض أحد الدائنين وقدم إلى الشركة مستنداته في الميعاد المذكور، وجب على الشركة أن تؤدي إليه دينه إذا كان حالاً أو أن تقدم له ضماناً كافياً للوفاء به إذا كان آجلاً.

الباب الثالث: مجلس الإدارة

المادة (١٦) السادسة عشرة: إدارة الشركة:

يتولى إدارة الشركة مجلس إدارة مؤلف من(...) (لا يقل عن ثلاثة اعضاء ولا يزيد عن احدى عشر عضواً) عضوا تنتخبهم الجمعية العامة العادية للمساهمين لمدة لا تزيد عن ثلاث سنوات واستثناءاً من ذلك عين المؤسسون أول مجلس إدارة لمدة (............. سنوات) لا تتجاوز خمس سنوات على النحو التالي:

م	الاسم	المنصب
1		
2		
3		

المادة (١٧) السابعة عشرة: انتهاء عضوية المجلس:

تنتهي عضوية المجلس بانتهاء مدته أو بانتهاء صلاحية العضو لها وفقاً لأي نظام أو تعليمات سارية في المملكة، ومع ذلك يجوز للجمعية العامة العادية في كل وقت عزل جميع أعضاء مجلس الادارة أو بعضهم وذلك دون إخلال

بحق العضو المعزول تجاه الشركة بالمطالبة بالتعويض إذا وقع العزل لسبب غير مقبول أو في وقت غير مناسب

ولعضو مجلس الادارة أن يعتزل بشرط أن يكون ذلك في وقت مناسب والا كان مسؤولاً قبل الشركة عما يترتب على الاعتزال من أضرار.

المادة (١٨) الثامنة عشرة: المركز الشاغر في المجلس:

إذا شغر مركز أحد أعضاء مجلس الادارة كان للمجلس أن يعين عضواً مؤقتاً في المركز الشاغر بحسب الترتيب في الحصول على الأصوات في الجمعية التي انتخبت المجلس، على ان يكون ممن تتوافر فيهم الخبرة والكفاية ويجب أن تبلغ بذلك الوزارة (وكذلك الهيئة إذا كانت الشركة مدرجة في السوق المالية) خلال خمسة أيام عمل من تاريخ التعيين وأن يعرض التعيين على الجمعية العامة العادية في أول اجتماع لها ويكمل العضو الجديد مدة سلفه. وإذا لم تتوافر الشروط اللازمة لانعقاد مجلس الادارة بسبب نقص عدد أعضائه عن الحد الادنى المنصوص عليه في نظام الشركات أو هذا النظام وجب على بقية الاعضاء دعوة الجمعية العامة العادية للانعقاد خلال ستين يوماً لانتخاب العدد اللازم من الاعضاء.

المادة (١٩) التاسعة عشرة: صلاحيات المجلس:

مع مراعاة الاختصاصات المقررة للجمعية العامة، يكون لمجلس الإدارة أوسع السلطات في إدارة الشركة بما يحقق اغراضها، وله..............(تذكر صلاحيات المجلس كاملة)
ويكون للمجلس ايضاً في حدود اختصاصه أن يفوض عضواً واحداً أو أكثر من اعضائه أو من الغير في مباشرة عمل أو أعمال معينة.

المادة (٢٠) العشرون: مكافأة أعضاء المجلس:

تتكون مكافأة مجلس الإدارة من .... وفي حدود ما نص عليه نظام الشركات ولوائحه، ويجب أن يشتمل تقرير مجلس الإدارة إلى الجمعية العامة العادية على بيان شامل لكل ما حصل عليه أعضاء مجلس الإدارة خلال السنة المالية من مكافآت وبدل مصروفات وغير ذلك من المزايا، وأن يشتمل كذلك على بيان ما قبضه أعضاء المجلس بوصفهم عاملين أو اداريين أو ما قبضوه نظير أعمال فنية أو إدارية أو استشارات وان يشتمل ايضاً على بيان بعدد جلسات المجلس وعدد الجلسات التي حضرها كل عضو من تاريخ آخر اجتماع للجمعية العامة.

المادة (٢١) الحادية والعشرون: صلاحيات الرئيس والنائب والعضو المنتدب وأمين السر:

يعين مجلس الإدارة من بين أعضائه رئيساً ونائباً للرئيس ويجوز له أن يعين عضواً منتدباً، ولا يجوز الجمع بين منصب رئيس مجلس الادارة وأي منصب تنفيذي بالشركة.

ويختص رئيس المجلس ....

كما يختص العضو المنتدب.............................

وتكون المكافأة التي يحصل عليها كل منهما بالإضافة الى المكافأة المقررة لأعضاء مجلس الادارة ....لرئيس المجلس و............. للعضو المنتدب.

ويعين مجلس الادارة أمين سر يختاره من بين أعضائه أو من غيرهم ويختص ....وتحدد مكافأته .... ولا تزيد مدة رئيس المجلس ونائبه والعضو المنتدب وأمين السر عضو مجلس الادارة على .... ولا تزيد مدة رئيس المجلس ونائبه والعضو المنتدب وأمين السر عضو مجلس الادارة على مدة عضوية كل منهم في المجلس، ويجوز إعادة انتخابهم وللمجلس في أي وقت أن يعزلهم أو أياً منهم دون إخلال بحق من عزل في التعويض إذا وقع العزل لسبب غير مشروع أو في وقت غير مناسب.

المادة (٢٢) الثانية والعشرون: اجتماعات المجلس:

يجتمع مجلس الادارة .... (مرتين على الاقل في السنة) بدعوة من رئيسه، وتكون الدعوة، .... ويجب على رئيس المجلس أن يدعو المجلس إلى الاجتماع متى طلب إليه ذلك اثنان من الأعضاء.

المادة (٢٣) الثالثة والعشرون: نصاب اجتماع المجلس:

لا يكون اجتماع المجلس صحيحاً إلا إذا حضره نصف الأعضاء على الأقل، بشرط ألا يقل عدد الحاضرين عن 3 أعضاء ويجوز لعضو مجلس الإدارة أن ينيب عنه غيره من الاعضاء في حضور اجتماعات المجلس طبقاً للضوابط الآتية...

وتصدر قرارات المجلس بأغلبية آراء الاعضاء الحاضرين أو الممثلين فيه. (وعند تساوي الآراء يرجح الجانب الذي صوت معه رئيس الجلسة)

المادة (٢٤) الرابعة والعشرون: مداولات المجلس:

تثبت مداولات مجلس الادارة وقراراته في محاضر يوقعها رئيس المجلس وأعضاء مجلس الإدارة الحاضرون وأمين السر وتدون هذه المحاضر في سجل خاص يوقعه رئيس مجلس الادارة وأمين السر.

الباب الرابع: جمعيات المساهمين

المادة (٢٥) الخامسة والعشرون: حضور الجمعيات:

لكل مكتتب أيًا كان عدد أسهمه حق حضور الجمعية التأسيسية، ولكل مساهم حق حضور الجمعيات العامة للمساهمين، وله في ذلك أن يوكل عنه شخصاً آخر من غير أعضاء مجلس الإدارة أو عاملي الشركة في حضور الجمعية العامة.

المادة (٢٦) السادسة والعشرون: الجمعية التأسيسية:

يدعو المؤسسون جميع المكتتبين إلى عقد جمعية تأسيسية خلال خمسة وأربعين يوماً من تاريخ قرار الوزارة بالترخيص بتأسيس الشركة (أو من

تاريخ قفل باب الاكتتاب في الأسهم في شركة المساهمة ذات الاكتتاب العام) ويشترط لصحة الاجتماع حضور عدد من المكتتبين يمثل نصف رأس المال على الأقل. فإذا لم يتوافر هذا النصاب...

يتعين اختيار أحد الخيارين

١. وجهت دعوة إلى اجتماع ثان يعقد بعد خمسة عشر يوما على الأقل من توجيه الدعوة إليه.

٢. يعقد الاجتماع الثاني بعد ساعة من انتهاء المدة المحددة لانعقاد الاجتماع الأول على أن تتضمن دعوة الاجتماع الأول ذلك.

وفي جميع الأحوال، يكون الاجتماع الثاني صحيحاً أيًا كان عدد المكتتبين الممثلين فيه.

المادة (٢٧) السابعة والعشرون: اختصاصات الجمعية التأسيسية:

تختص الجمعية التأسيسية بالأمور الواردة بالمادة (الثالثة والستون) من نظام الشركات.

المادة (٢٨) الثامنة والعشرون: اختصاصات الجمعية العامة العادية:

فيما عدا الأمور التي تختص بها الجمعية العامة غير العادية، تختص الجمعية العامة العادية بجميع الأمور المتعلقة بالشركة، وتنعقد مرة على الأقل في السنة خلال الأشهر الستة التالية لانتهاء السنة المالية للشركة، ويجوز دعوة جمعيات عامة عادية أخرى كلما دعت الحاجة إلى ذلك.

المادة (٢٩) التاسعة والعشرون: اختصاصات الجمعية العامة غير العادية:

تختص الجمعية العامة غير العادية بتعديل نظام الشركة الأساس باستثناء الامور المحظور عليها تعديلها نظاماً.

ولها أن تصدر قرارات في الأمور الداخلة أصلاً في اختصاصات الجمعية العامة العادية وذلك بالشروط والأوضاع نفسها المقررة للجمعية العامة العادية.

المادة (٣٠) الثلاثون: دعوة الجمعيات:

تنعقد الجمعيات العامة أو الخاصة للمساهمين بدعوة من مجلس الإدارة، وفقاً لـ..... وعلى مجلس الإدارة أن يدعو الجمعية العامة العادية للانعقاد إذا طلب ذلك مراجع الحسابات أو لجنة المراجعة أو عدد من المساهمين يمثل (%5) من رأس المال على الأقل. ويجوز لمراجع الحسابات دعوة الجمعية للانعقاد إذا لم يقم المجلس بدعوة الجمعية خلال ثلاثين يوماً من تاريخ طلب مراجع الحسابات.

وتنشر الدعوة لانعقاد الجمعية العامة في صحيفة يومية توزع في مركز الشركة الرئيس قبل الميعاد المحدد للانعقاد بعشرة أيام على الأقل. ومع ذلك يجوز الاكتفاء بتوجيه الدعوة في الميعاد المذكور إلى جميع المساهمين بخطابات مسجلة. وترسل صورة من الدعوة وجدول الأعمال إلى الوزارة، (وكذلك إلى الهيئة في الشركات المساهمة المدرجة في السوق المالية)، وذلك خلال المدة المحددة للنشر.

المادة (٣١) الحادية والثلاثون: سجل حضور الجمعيات:

يسجل المساهمون الذين يرغبون في حضور الجمعية العامة أو الخاصة أسمائهم في مركز الشركة الرئيسي قبل الوقت المحدد لانعقاد الجمعية.

(يجوز النص على مكان ووسيلة أخرى)

المادة (٣٢) الثانية والثلاثون: نصاب اجتماع الجمعية العامة العادية:

لا يكون انعقاد اجتماع الجمعية العامة العادية صحيحاً إلا إذا حضره مساهمون يمثلون ربع رأس المال على الأقل (يجوز أن تكون نسبة أعلى بشرط الا تتجاوز النصف) وإذا لم يتوفر النصاب اللازم لعقد هذا الاجتماع ...، يتعين اختيار أحد الخيارين

١. يعقد الاجتماع الثاني بعد ساعة من انتهاء المدة المحددة لانعقاد الاجتماع الأول بشرط أن تتضمن الدعوة لعقد الاجتماع الأول ما يفيد الاعلان عن امكانية عقد هذا الاجتماع.

٢. وجّهت الدعوة إلى اجتماع ثانٍ يعقد خلال الثلاثين يوماً التالية للاجتماع السابق، وتنشر هذه الدعوة بالطريقة المنصوص عليها في المادة (الثلاثون) من هذا النظام.

وفي جميع الاحوال يكون الاجتماع الثاني صحيحاً أياً كان عدد الاسهم الممثلة فيه.

المادة (٣٣) الثالثة والثلاثون: نصاب اجتماع الجمعية العامة غير العادية:

لا يكون اجتماع الجمعية العامة غير العادية صحيحاً إلا إذا حضره مساهمون يمثلون نصف رأس المال (يجوز النص على نسبة أعلى بشرط الا تتجاوز الثلثين) فإذا لم يتوفر هذا النصاب في الاجتماع الأول، ...

[يتعين اختيار أحد الخيارين]

١. يعقد الاجتماع الثاني بعد ساعة من انتهاء المدة المحددة لانعقاد الاجتماع الأول بشرط أن تتضمن الدعوة لعقد الاجتماع الأول ما يفيد الاعلان عن امكانية عقد هذا الاجتماع.
٢. وجهت الدعوة إلى اجتماع ثانٍ، يُعْقِد بنفس الأوضاع المنصوص عليها في المادة (الثلاثون) من هذا النظام.

وفي جميع الاحوال يكون الاجتماع الثاني صحيحاً إذا حضره عدد من المساهمين يمثل ربع رأس المال على الاقل.

وإذا لم يتوفر النصاب اللازم في الاجتماع الثاني وجهت دعوة الى اجتماع ثالث ينعقد بالأوضاع نفسها المنصوص عليها في المادة (الثلاثون) من هذا النظام ويكون الاجتماع الثالث صحيحاً أيا كان عدد الاسهم الممثلة فيه بعد موافقة الجهة المختصة.

المادة (٣٤) الرابعة والثلاثون: التصويت في الجمعيات:

لكل مكتتب صوت عن كل سهم يمثله في الجمعية التأسيسية ولكل مساهم صوت عن كل سهم في الجمعيات العامة ويجب استخدام التصويت التراكمي في انتخاب مجلس الادارة.

المادة (٣٥) الخامسة والثلاثون: قرارات الجمعيات:

تصدر القرارات في الجمعية التأسيسية بالأغلبية المطلقة للأسهم الممثلة فيها وتصدر قرارات الجمعية العامة العادية بالأغلبية المطلقة للأسهم الممثلة في الاجتماع (يجوز النص على نسبة أعلى) كما تصدر قرارات الجمعية العامة غير العادية بأغلبية ثلثي الاسهم الممثلة في الاجتماع، الا إذا كان قراراً متعلقاً بزيادة رأس المال أو تخفيضه أو بإطالة مدة الشركة أو بحلها قبل انقضاء المدة المحددة في نظامها الاساس أو باندماجها مع شركة أخرى فلا يكون صحيحاً الا إذا صدر بأغلبية ثلاثة ارباع الاسهم الممثلة في الاجتماع.

المادة (٣٦) السادسة والثلاثون: المناقشة في الجمعيات:

لكل مساهم حق مناقشة الموضوعات المدرجة في جدول أعمال الجمعية وتوجيه الأسئلة في شأنها إلى أعضاء مجلس الإدارة ومراجع الحسابات. ويجيب مجلس الإدارة أو مراجع الحسابات عن أسئلة المساهمين بالقدر الذي لا يعرض مصلحة الشركة للضرر. وإذا رأى المساهم أن الرد على سؤاله غير مقنع، احتكم إلى الجمعية، وكان قرارها في هذا الشأن نافذاً.

المادة (٣٧) السابعة والثلاثون: رئاسة الجمعيات وإعداد المحاضر:

يرأس اجتماعات الجمعيات العامة للمساهمين رئيس مجلس الإدارة أو نائبه عند غيابه أو من ينتدبه مجلس الإدارة من بين أعضائه لذلك في حال غياب رئيس مجلس الإدارة ونائبه.

ويحرر باجتماع الجمعية محضر يتضمن عدد المساهمين الحاضرين أو الممثلين وعدد الأسهم التي في حيازتهم بالأصالة أو الوكالة وعدد الأصوات المقررة لها والقرارات التي اتخذت وعدد الأصوات التي وافقت عليها أو خالفتها وخلاصة وافية للمناقشات التي دارت في الاجتماع. وتدون المحاضر بصفة منتظمة عقب كل اجتماع في سجل خاص يوقعه رئيس الجمعية وأمين سرها وجامع الأصوات.

الباب الخامس: لجنة المراجعة

المادة (٣٨) الثامنة والثلاثون: تشكيل اللجنة:

تشكل بقرار من الجمعية العامة العادية لجنة مراجعة مكونة من (........) (لا يقل عدد أعضائها عن ثلاثة ولا يزيد عن خمسة) أعضاء من غير

أعضاء مجلس الادارة التنفيذيين سواء من المساهمين أو غيرهم ويحدد في القرار مهمات اللجنة وضوابط عملها ومكافآت أعضائها.

المادة (٣٩) التاسعة والثلاثون: نصاب اجتماع اللجنة:

يشترط لصحة اجتماع لجنة المراجعة حضور أغلبية أعضائها، وتصدر قراراتها بأغلبية أصوات الحاضرين، وعند تساوي الأصوات يرجح الجانب الذي صوت معه رئيس اللجنة.

المادة (٤٠) اربعون: اختصاصات اللجنة:

تختص لجنة المراجعة بالمراقبة على أعمال الشركة، ولها في سبيل ذلك حق الاطلاع على سجلاتها ووثائقها وطلب أي إيضاح أو بيان من أعضاء مجلس الإدارة أو الإدارة التنفيذية، ويجوز لها أن تطلب من مجلس الإدارة دعوة الجمعية العامة للشركة للانعقاد إذا أعاق مجلس الإدارة عملها أو تعرضت الشركة لأضرار أو خسائر جسيمة.

المادة (٤١) الحادية والاربعون: تقارير اللجنة:

على لجنة المراجعة النظر في القوائم المالية للشركة والتقارير والملحوظات التي يقدمها مراجع الحسابات، وإبداء مرئياتها حيالها إن وجدت، وعليها كذلك إعداد تقرير عن رأيها في شان مدى كفاية نظام الرقابة الداخلية في الشركة وعما قامت به من أعمال أخرى تدخل في نطاق اختصاصها. وعلى مجلس الإدارة أن يودع نسخ اً كافية من هذا التقرير في مركز الشركة الرئيس قبل موعد انعقاد الجمعية العامة بعشرة أيام على الأقل لتزويد كل من رغب من المساهمين بنسخة منه. ويتلى التقرير أثناء انعقاد الجمعية.

الباب السادس: مراجع الحسـابـات

المادة (٤٢) الثانية والاربعون: تعيين مراجع الحسابات:

يجب أن يكون للشركة مراجع (حسابات) أو أكثر من بين مراجعي الحسابات المرخص لهم بالعمل في المملكة تعينه الجمعية العامة العادية سنوي اً، وتحدد مكافأته ومدة عمله، ويجوز للجمعية أيض اً في كل وقت تغييره مع عدم الإخلال بحقه في التعويض إذا وقع التغيير في وقت غير مناسب أو لسبب غير مشروع.

المادة (٤٣) الثالثة والاربعون: صلاحيات مراجع الحسابات:

لمراجع الحسابات في أيّ وقت حق الاطلاع على دفاتر الشركة وسجلاتها وغير ذلك من الوثائق، وله أيض اً طلب البيانات والإيضاحات التي يرى ضرورة الحصول عليها، ليتحقق من موجودات الشركة والتزاماتها وغير ذلك مما يدخل في نطاق عمله. وعلى رئيس مجلس الإدارة أن يمكنه من أداء واجبه، وإذا صادف مراجع الحسابات صعوبة في هذا الشأن أثبت ذلك في تقرير يقدم إلى مجلس الإدارة. فإذا لم ييسر المجلس عمل مراجع الحسابات، وجب عليه أن يطلب من مجلس الإدارة دعوة الجمعية العامة العادية للنظر في الأمر.

الباب السابع: حسابات الشركة وتوزيع الأرباح

المادة (٤٤) الرابعة والاربعون: السنة المالية:

تبدأ السنة المالية للشركة من أول شهر .... وتنتهي بنهاية شهر .... من كل سنة على أن تبدأ السنة المالية الأولي من تاريخ قيدها بالسجل التجاري وحتى نهاية شهر .... من السنة الحالية /التالية.

(تحدد السنة الأولى بمدة لا تقل عن ستة أشهر ولا تزيد على ثمانية عشر شهراً).

المادة (٤٥) الخامسة والاربعون: الوثائق المالية:

١. يجب على مجلس الإدارة في نهاية كل سنة مالية للشركة أن يعد القوائم المالية للشركة وتقرير اً عن نشاطها ومركزها المالي عن السنة المالية المنقضية، ويضمّن هذا التقرير الطريقة المقترحة لتوزيع الأرباح. ويضع المجلس هذه الوثائق تحت تصرف مراجع الحسابات قبل الموعد المحدد لانعقاد الجمعية العامة بخمسة وأربعين يوماً على الأقل.

٢. يجب أن يوقع رئيس مجلس إدارة الشركة ورئيسها التنفيذي ومديرها المالي الوثائق المشار إليها في الفقرة (١) من هذه المادة، وتودع نسخ منها في مركز الشركة الرئيس تحت تصرف المساهمين قبل الموعد المحدد لانعقاد الجمعية العامة بعشرة أيام على الأقل.

٣. على رئيس مجلس الإدارة أن يزود المساهمين بالقوائم المالية للشركة، وتقرير مجلس الإدارة، وتقرير مراجع الحسابات، ما لم تنشر في جريدة يومية توزع في مركز الشركة الرئيس. وعليه أيضاً أن يرسل صورة من هذه الوثائق إلى الوزارة، (وكذلك إلى الهيئة إذا كانت الشركة مدرجة في السوق المالية) وذلك قبل تاريخ انعقاد الجمعية العامة بخمسة عشر يوماً على الأقل.

المادة (٤٦) السادسة والاربعون: توزيع الأرباح:

توزع أرباح الشركة الصافية السنوية على الوجه الآتي:

١. يجنب (10%) من صافي الأرباح لتكوين الاحتياطي النظامي للشركة ويجوز أن تقرر الجمعية العامة العادية وقف هذا التجنيب متى بلغ الاحتياطي المذكور (30%) من رأس المال المدفوع.

٢. للجمعية العامة العادية بناء على اقتراح مجلس الإدارة أن تجنب (..... %) من صافي الأرباح لتكوين احتياطي اتفاقي يخصص

٣. للجمعية العامة العادية أن تقرر تكوين احتياطيات أخرى، وذلك بالقدر الذي يحقق مصلحة الشركة أو يكفل توزيع أرباح ثابتة قدر الإمكان على المساهمين. وللجمعية المذكورة كذلك أن تقتطع من صافي الأرباح مبالغ لإنشاء مؤسسات اجتماعية لعاملي الشركة أو لمعاونة ما يكون قائم أ من هذه المؤسسات.

٤. يوزع من الباقي بعد ذلك على المساهمين نسبة تمثل (..... %) من رأسمال الشركة المدفوع.

مع مراعاة الأحكام المقررة في المادة(العشرون) من هذا النظام، والمادة السادسة والسبعين من نظام الشركات يخصص بعد ما تقدم نسبة (.... %) من الباقي لمكافأة مجلس الإدارة، على أن يكون استحقاق هذه المكافأة متناسباً مع عدد الجلسات التي يحضرها العضو.

المادة (٤٧) السابعة والاربعون: استحقاق الأرباح:

يستحق المساهم حصته في الارباح وفقاً لقرار الجمعية العامة الصادر في هذا الشأن ويبين القرار تاريخ الاستحقاق وتاريخ التوزيع وتكون أحقية

الارباح لمالكي الاسهم المسجلين في سجلات المساهمين في نهاية اليوم المحدد للاستحقاق.

المادة (٤٨) الثامنة والاربعون: توزيع الأرباح للأسهم الممتازة:

إذا لم توزع أرباح عن أي سنة مالية، فإنه لا يجوز توزيع أرباح عن السنوات التالية إلا بعد دفع النسبة المحددة وفقاً لحكم المادة (الرابعة عشرة بعد المائة) من نظام الشركات لأصحاب الأسهم الممتازة عن هذه السنة.

إذا فشلت الشركة في دفع النسبة المحددة وفقاً لحكم المادة (الرابعة عشرة بعد المائة) من نظام الشركات من الأرباح مدة ثلاث سنوات متتالية، فإنه يجوز للجمعية الخاصة لأصحاب هذه الأسهم، المنعقدة طبقاً لأحكام المادة (التاسعة والثمانين) من نظام الشركات، أن تقرر إما حضورهم اجتماعات الجمعية العامة للشركة والمشاركة في التصويت، أو تعيين ممثلين عنهم في مجلس الإدارة بما يتناسب مع قيمة أسهمهم في رأس المال، وذلك إلى أن تتمكن الشركة من دفع كل أرباح الأولوية المخصصة لأصحاب هذه الأسهم عن السنوات السابقة.

المادة (٤٩) التاسعة والاربعون: خسائر الشركة:

إذا بلغت خسائر شركة المساهمة نصف رأس المال المدفوع، في أي وقت خلال السنة المالية، وجب على أي مسؤول في الشركة أو مراجع الحسابات فور علمه بذلك إبلاغ رئيس مجلس الإدارة، وعلى رئيس مجلس الإدارة إبلاغ أعضاء المجلس فوراً بذلك، وعلى مجلس الإدارة خلال خمسة عشر يوماً من علمه بذلك دعوة الجمعية العامة غير العادية للاجتماع خلال خمسة وأربعين يوماً من تاريخ علمه بالخسائر؛ لتقرر إما زيادة رأس مال الشركة أو تخفيضه وفقاً لأحكام نظام الشركات وذلك إلى الحد الذي تنخفض معه نسبة الخسائر إلى ما دون نصف رأس المال المدفوع، أو حل الشركة قبل الأجل المحدد في هذا نظام الشركات.

وتعد الشركة منقضية بقوة نظام الشركات إذا لم تجتمع الجمعية العامة خلال المدة المحددة في الفقرة (١) من هذه المادة، أو إذا اجتمعت وتعذر عليها إصدار قرار في الموضوع، أو إذا قررت زيادة رأس المال وفق الأوضاع المقررة في هذه المادة ولم يتم الاكتتاب في كل زيادة رأس المال خلال تسعين يوماً من صدور قرار الجمعية بالزيادة.

الباب الثامن: المنازعات

المادة (٥٠) الخمسون: دعوى المسؤولية:

لكل مساهم الحق في رفع دعوى المسؤولية المقررة للشركة على أعضاء مجلس الإدارة إذا كان من شأن الخطأ الذي صدر منهم إلحاق ضرر خاص به. ولا يجوز للمساهم رفع الدعوى المذكورة إلا إذا كان حق الشركة في رفعها لا يزال قائماً ويجب على المساهم أن يبلّغ الشركة بعزمِهِ على رفع الدعوى.

الباب التاسع: حل الشركة وتصفيتها

المادة (٥١) الحادية والخمسون: انقضاء الشركة:

تدخل الشركة بمجرد انقضائها دور التصفية وتحتفظ بالشخصية الاعتبارية بالقدر اللازم للتصفية ويصدر قرار التصفية الاختيارية من الجمعية العامة غير العادية ويجب أن يشتمل قرار التصفية على تعيين المصفى وتحديد سلطاته وأتعابه والقيود المفروضة على سلطاته والمدة الزمنية اللازمة للتصفية ويجب الا تتجاوز مدة التصفية الاختيارية خمس سنوات ولا يجوز تمديدها لأكثر من ذلك الا بأمر قضائي وتنتهي سلطة مجلس ادارة الشركة بحلها ومع ذلك يظل هؤلاء قائمين على ادارة الشركة ويعدون بالنسبة الى الغير في حكم المصفين الى أن يعين المصفى وتبقى جمعيات المساهمين قائمة خلال مدة التصفية ويقتصر دورها على ممارسة اختصاصاتها التي لا تتعارض مع اختصاصات المصفى.

الباب العاشر: احكام ختامية

المادة (٥٢) الثانية والخمسون

يطبق نظام الشركات ولوائحه في كل ما لم يرد به نص في هذا النظام.

المادة (٥٣) الثالثة والخمسون

يودع هذا النظام وينشر طبقاً لأحكام نظام الشركات ولوائحه.

الفصل ٥. الشركة ذات المسؤولية المحدودة

I. احكام عامة

الشركة ذات المسؤولية المحدودة شركة لا يزيد عدد الشركاء فيها على خمسين شريكاً (المادة ١٥١,١).

تُعَدُّ ذِمّتُها والتزاماتها مستقلة عن الذِمّةِ المالية لكل شريك فيها. تكون الشركة وحدُها مسؤولة عن الديون والالتزامات المترتبة عليها، ولا يكون المالك لها أو الشريك فيها مسؤولاً عن تلك الديون والالتزامات (المادة ١٥١,١).

II. تأسيسها

III. رأس مالها والحصص

IV. إدارتها

يدير الشركة مدير (أو أكثر) من الشركاء أو من غيرِهِم، ويعين الشركاء المدير أو المديرين في عقد تأسيس الشركة أو في عقد مستقل لمدة معينة أو غير معينة (المادة ١٦٤,١).

ويجوز بقرار من الشركاء تكوين مجلس مديرين إذا وُجَدَ مدراء عديدين (المادة ١٦٤,١). قرار الشركاء بتكوين مجلس إدارة اِخْتياري.

V. انقضاءها

VI. نموذج عقد تأسيس لشركة ذات مسؤولية محدودة

عقد تأسيس شركة _____ شركة ذات مسئولية محدودة

بعون الله وتوفيقه تم الاتفاق في / / 14هـ الموافق / / 20م
الاتفاق بين كل من:

السيد.......... / .... سعودي الجنسية بموجب السجل المدني
رقم.......... وتاريخ /..... / ..... هـ صادر من مدينة .... ومهنته
.... وتاريخ الميلاد .../.../...هـ ويقيم في مدينة...... .... (طرف أول)

السيد.......... / .... سعودي الجنسية بموجب السجل المدني
رقم.......... وتاريخ /..... / ..... هـ صادر من مدينة .... ومهنته
.... وتاريخ الميلاد .../.../...هـ ويقيم في مدينة.......... (طرف ثاني)

تمهيد:

أتفق الأطراف المذكورين أعلاه على تكوين شركة ذات مسئولية محدودة وفقاً لنظام الشركات الصادر بالمرسوم الملكي الكريم رقم م /3 بتاريخ 28 /1 / 1437 هـ ولوائحه ووفقاً للشروط والأحكام التالية:

المادة (١) الأولى: اسم الشركة:

شركة ....(شركة ذات مسئولية محدودة).

المادة (٢) الثانية: أغراض الشركة:

١. ....
٢. ....
٣. ....

وتمارس الشركة أنشطتها وفق الأنظمة المتبعة وبعد الحصول على التراخيص اللازمة من الجهات المختصة إن وجدت.

المادة (٣) الثالثة: المشاركة والاندماج:

يجوز للشركة إنشاء شركات بمفردها (ذات مسؤولية محدودة أو مساهمة مقفلة) بشرط ألا يقل رأس المال عن (5مليون ريال) كما يجوز لها أن تمتلك الأسهم والحصص في شركات أخرى قائمة أو تندمج معها ولها حق الاشتراك مع الغير في تأسيس الشركات المساهمة أو ذات المسئولية المحدودة وذلك بعد استيفاء ما تتطلبه الأنظمة والتعليمات المتبعة في هذا الشأن. كما يجوز للشركة أن تتصرف في هذه الأسهم أو الحصص على ألا يشمل ذلك الوساطة في تداولها.

المادة (٤) الرابعة: المركز الرئيس للشركة:

يكون المركز الرئيس للشركة في مدينة... وللشركة الحق في افتتاح فروع لها داخل وخارج المملكة متى اقتضت مصلحة الشركة وذلك بموافقة ... يتعين الاختيار (الشركاء / أو المدير/ أو مجلس المديرين).

المادة (٥) الخامسة: مدة الشركة:

مدة الشركة (........) سنة هجرية / ميلادية تبدأ من تاريخ قيدها بالسجل التجاري ويجوز مد أجل الشركة قبل انقضائه مدة أخرى بقرار تصدره الجمعية العامة من أي عدد من الشركاء المالكين لنصف الحصص الممثلة لرأس المال أو من أغلبية الشركاء، وإذا لم يصدر القرار بمد أجل الشركة، واستمرت الشركة في أداء أعمالها، امتد العقد لمدة مماثلة بالشروط نفسها الواردة في عقد التأسيس.

وللشريك الذي لا يرغب في الاستمرار في الشركة أن ينسحب منها، وتقوَّم حصصه وفقاً للأحكام الواردة في المادة (الحادية والستين بعد المائة) من نظام الشركات، ولا ينفذ التمديد إلا بعد بيع حصة الشريك للشركاء أو الغير بحسب الأحوال وأداء قيمتها له، ما لم يتفق الشريك المنسحب مع باقي الشركاء على غير ذلك.

المادة (٦) السادسة: رأس المال:

حدد رأس مال الشركة بـ (رقم) ريال كتابة (ريال مقسم إلى) .... (حصة...) نقدية/ أو عينية (متساوية القيمة) قيمة كل حصة (.........) ريال تم توزعها على الشركاء كالآتي:

م	اسم الشريك	عدد الحصص		قيمة الحصة	الإجمالي
		نقدي	عيني		
1					
2					
الاجمالي					

ويقر الشركاء بانه تم توزيع الحصص فيما بينهم وتم الوفاء بقيمتها كاملة بموجب الشهادة البنكية. (وفي حال كانت الحصص عينية يضاف) وتم تقدير الموجودات العينية بموجب تقدير. ....

كما يكون الشركاء الذين قدموا الحصص العينية مسؤولين بالتضامن في جميع أموالهم في مواجهة الغير عن عدالة تقدير الحصص العينية التي قدموها، والمبينة كما يلي:

مقدم الحصة العينية	بيان نوع الاصل (للعين)	القيمة بالريال
الإجمالي		

المادة (٧) السابعة: زيادة أو تخفيض رأس المال:

١. يجوز بموافقة جميع الشركاء زيادة رأس مالها عن طريق رفع القيمة الاسمية لحصص الشركاء أو عن طريق إصدار حصص جديدة، مع إلزام جميع الشركاء بدفع قيمة الزيادة في رأس المال بنسبة مشاركة كل منهم.

٢. للجمعية العامة للشركاء أن تقرر تخفيض رأس مال الشركة إذا زاد على حاجتها أو منيت بخسائر لم تبلغ نصف رأس المال، وذلك وفقاً للأحكام الواردة بالمادة (السابعة والسبعون بعد المائة) من نظام الشركات.

المادة (٨) الثامنة: الحصص:

يجوز للشريك أن يتنازل عن حصته لأحد الشركاء أو للغير وفقاً ل .... ومع ذلك، إذا أراد الشريك التنازل عن حصته بعوض أو بدونه لغير أحد الشركاء، وجب أن يبلغ باقي الشركاء عن طريق مدير الشركة بشروط التنازل وفي هذه الحالة، يجوز لكل شريك أن يطلب استرداد الحصة بحسب قيمتها العادلة خلال ثلاثين يوماً من تاريخ إبلاغه بذلك (يجوز ان ينص عقد تأسيس الشركة على طريقة تقويم أو مدة أخرى). وإذا استعمل حق الاسترداد أكثر من شريك، قسمت هذه الحصة أو الحصص بين طالبي الاسترداد بنسبة حصة كل منهم في رأس المال.

ولا يسري حق الاسترداد المنصوص عليه في هذه المادة على انتقال ملكية الحصص بالإرث أو بالوصية أو انتقالها بموجب حكم من الجهة القضائية المختصة. وإذا انقضت المدة المحددة لممارسة حق الاسترداد دون أن يستعمله أحد الشركاء، كان لصاحب الحصة الحق في التنازل عنها للغير.

المادة (٩) التاسعة: سجل الحصص:

تُعِد الشركة سجلاً خاصاً بأسماء الشركاء وعدد الحصص التي يملكها كل منهم والتصرفات التي ترد على الحصص. ولا ينفذ انتقال الملكية في مواجهة الشركة أو الغير إلا بقيد السبب الناقل للملكية في السجل المذكور. وعلى الشركة إبلاغ الوزارة لإثباته في سجل الشركة.

المادة (١٠) العاشرة: إدارة الشركة:

يتولى إدارة الشركة

(اختيار أحد الخيارات التالية:)

١. السيد /

السلطات والصلاحيات:

(يجوز تعيين المدير بعقد مستقل متضمنا السلطات والصلاحيات)

٢. السادة التالية اسماءهم (في حالة كانوا مديرين إثنين فقط)

أ. السيد/

ب. السيد/

السلطات والصلاحيات:

(يجوز تعيين المدراء بعقد مستقل متضمنا السلطات والصلاحيات).

٣. مجلس مديرين مكون من (لا يَقِل عن ٣) وهم:

أ. السيد/

ب. السيد/

ج. السيد/

(يحدد طريقة العمل في **مجلس المديرين** والأغلبية اللازمة لقراراته في عقد التأسيس نفسِهِ أو يجوز تعيين المجلس بعقد مستقل متضمنا طريقة العمل والاغلبية اللازمة لقراراته)

عزل المدير: يجوز للشركاء عزل المدير/ المديرين (............) المعين/ المعينين (في) عقد الشركة/ عقد مستقل (دون إخلال بحقه في التعويض إذا وقع العزل بغير مبرر مقبول أو في وقت غير لائق.

المادة (١١) الحادية عشرة: مراجعي الحسابات:

يجب أن يكون للشركة (مراجع حسابات) أو أكثر من بين مراجعي الحسابات المرخص لهم بالعمل في المملكة تعينه الجمعية العامة للشركاء، وتحدد مكافأته ومدة عمله، ويجوز للجمعية أيضاً في كل وقت تغييره مع عدم الإخلال بحقه في التعويض إذا وقع التغيير في وقت غير مناسب أو لسبب غير مشروع.

المادة (١٢) الثانية عشرة: الجمعية العامة للشركاء:

يكون للشركة ذات المسؤولية المحدودة جمعية عامة تتكون من جميع الشركاء. وتعقد الجمعية العامة بدعوة من (المدير أو المديرين أو مجلس المديرين..........)، على أن تعقد مرة على الأقل في السنة خلال الشهور

الأربعة التالية لنهاية السنة المالية للشركة، وتجوز دعوة الجمعية العامة في كل وقت بناء على طلب المديرين أو مجلس الرقابة أو مراجع الحسابات أو عدد من الشركاء يمثل نصف رأس المال على الأقل، ويحرر محضر بخلاصة مناقشات الجمعية العامة، وتدون المحاضر وقرارات الجمعية العامة أو قرارات الشركاء في سجل خاص تعده الشركة لهذا الغرض.

ويجب أن يشتمل جدول أعمال الجمعية العامة للشركاء في اجتماعها السنوي بصفة خاصة على البنود الآتية:

١. سماع تقرير المديرين عن نشاط الشركة ومركزها المالي خلال السنة المالية، وتقرير مراجع الحسابات، وتقرير مجلس الرقابة إن وجد.

٢. مناقشة القوائم المالية والتصديق عليها.

٣. تحديد نسبة الربح التي توزع على الشركاء.

٤. تعيين المديرين أو أعضاء مجلس الرقابة إن وجدوا وتحديد مكافآتهم.

٥. تعيين مراجع الحسابات وتحديد أتعابه.

المادة (١٣) الثالثة عشرة: قرارات الشركاء:

١. تصدر قرارات الشركاء في الجمعية العامة، (ومع ذلك يجوز في الشركة التي لا يزيد عدد الشركاء فيها على عشرين أن يبدي الشركاء آراءهم متفرقين. وفي هذه الحالة يرسل مدير الشركة إلى كل شريك خطاباً مسجلاً بالقرارات المقترحة ليصوت الشريك عليها كتابة).

٢. يجوز تعديل عقد تأسيس الشركة بموافقة أغلبية الشركاء الذين يمثلون ثلاثة أرباع رأس المال على الأقل،

(يجوز أن ينص عقد تأسيس الشركة على اغلبية أخرى).

٣. تصدر بقية القرارات بموافقة الشركاء الذين يمثلون نصف رأس المال (يجوز اشتراط نسبة أكبر) وإذا لم تتوافر في المداولة أو في المشاورة الأولى الأغلبية المنصوص عليها في هذه الفقرة وجبت

دعوة الشركاء إلى الاجتماع بخطابات مسجلة (يجوز تحديد طريقة أخرى) وتصدر القرارات في الاجتماع المشار إليه بموافقة أغلبية الحصص الممثلة فيه أيًّا كانت النسبة التي تمثلها بالنسبة إلى رأس المال (يجوز النص على غير ذلك)

٤. استثناءاً من ذلك تحوّل الشركة إلى شركة مساهمة إذا طلب ذلك الشركاء المالكون لأكثر من نصف رأس المال (ويجوز النص على نسبة أقل)، على أن تكون جميع حصص الشركة عند طلب التحول مملوكة من ذوي قربى ولو من الدرجة الرابعة.

إذا زاد عدد الشركاء على عشرين يتعين النص على المادة التالية:

المادة (١٤) الرابعة عشرة: مجلس الرقابة

يعين الشركاء من بينهم مجلس رقابة مكون من (...عضو) (لا يقل العدد عن ثلاثة) لمدة (....) سنوات، ويكون للمجلس الصلاحيات المنصوص عليها في المادة الثانية والسبعون بعد المائة من نظام الشركات.

المادة (١٥) الخامسة عشرة: السنة المالية

١. تبدأ السنة المالية الأولى للشركة من تاريخ قيدها بالسجل التجاري وتنتهي في.... /...../..... 14هـ الموافق

..... /..... /.....20م وتكون كل سنة مالية بعد ذلك أثنى
عشر شهراً (ميلادية أو هجرية).

٢. يُعِد مديرو الشركة عن كل سنة مالية القوائم المالية للشركة وتقريراً عن نشاط الشركة ومركزها المالي واقتراحاتهم في شأن توزيع الأرباح، وذلك خلال ثلاثة أشهر من نهاية السنة المالية. وعلى المديرين أن يرسلوا إلى الوزارة وإلى كل شريك صورة من هذه الوثائق وصورة من تقرير مجلس الرقابة إن وجد وصورة من تقرير مراجع الحسابات، وذلك خلال شهر من تاريخ إعداد الوثائق المذكورة. ولكل شريك أن يطلب من المديرين الدعوة إلى عقد الاجتماع للجمعية العامة للشركاء للمداولة في الوثائق المذكورة.

المادة (١٦) السادسة عشرة: الأرباح والخسائر

توزع أرباح الشركة السنوية الصافية على النحو التالي:

١. تجنب في كل سنة (١٠%) على الأقل من أرباحها الصافية، لتكوين احتياطي نظامي، ويجوز للجمعية العامة للشركاء أن تقرر وقف هذا التجنيب متى بلغ الاحتياطي المذكور(٣٠%)من رأس مال الشركة.

٢. الباقي يوزع على الشركاء بنسبة حصص كل منهم في راس المال ما لم يقرر الشركاء تكوين احتياطيات أخري أو ترحيل رصيد الأرباح كليا أو جزئيا للسنة المالية التالية.

٣. في حالة تحقيق خسائر يتحملها الشركاء بنسبة ما يملكه كل منهم من حصص في رأس المال أو يتم ترحيلها للسنة المالية التالية ولا يتم توزيع أرباح إلا بعد استهلاك تلك الخسارة ولا يتم توزيع أرباح إلا بعد استهلاك تلك الخسارة. إذا بلغت خسائر الشركة نصف رأس مالها، وجب على مديري الشركة تسجيل هذه الواقعة في السجل التجاري ودعوة الشركاء للاجتماع خلال مدة لا تزيد على تسعين يوماً من تاريخ علمهم ببلوغ الخسارة هذا المقدار؛ للنظر في استمرار الشركة أو حلها. ويجب شهر قرار الشركاء سواء باستمرار الشركة أو حلها بالطرق المنصوص عليها في المادة (الثامنة والخمسين بعد المائة) من نظام الشركات.

وتعد الشركة منقضية بقوة النظام إذا أهمل مديرو الشركة دعوة الشركاء أو تعذر على الشركاء إصدار قرار باستمرار الشركة أو حلها.

المادة (١٧) السابعة عشرة: انقضاء الشركة

تنقضي الشركة بأحد أسباب الانقضاء الواردة في المادة السادسة عشرة من نظام الشركات ومواد هذا العقد وبانقضائها تدخل في دور التصفية وفقا لأحكام الباب العاشر من نظام الشركات.

مع مراعاة أنه في حالة التصفية الاختيارية يلزم اتخاذ الآتي:

١. إعداد مركز مالي للشركة في تاريخ صدور قرار الشركاء بحل وتصفية الشركة معتمد من محاسب قانوني مرخص له بالعمل في المملكة العربية السعودية يثبت قدرة الشركة على الوفاء بالتزاماتها وديونها تجاه الغير.

٢. سداد كافة حقوق الدائنين أو إبرام صلح معهم، فإن تعذر فلا يتم تصفية الشركة إلا بعد صدور قرار من الجهة القضائية المختصة بشهر إفلاس الشركة بناء على طلب الدائنين أو الشركة وفقاً للنظام.

المادة (١٨) الثامنة عشرة: التبليغات

تكون التبليغات التي توجهها الشركة إلى الشركاء عن طريق.................

المادة (١٩) التاسعة عشرة: أحكام عامة

١. تخضع الشركة للأنظمة السارية بالمملكة.

٢. كل ما لم يرد به نص في هذا العقد يطبق بشأنه نظام الشركات ولائحته.

المادة (٢٠) العشرون: نسخ العقد

حرر هذا العقد من عدد من النسخ أستلم كل شريك نسخة منه للعمل بموجبه وباقي النسخ لتقديمها للجهات المختصة لقيد الشركة بالسجل التجاري وسجل الشركات، هذا وقد فوض الشركاء السيد /   في إتمام الإجراءات النظامية اللازمة لتأسيس الشركة والمتابعة لدى الجهات المختصة والتوقيع نيابة عنهم فيما يختص بهذا الشأن.

والله ولي التوفيق،

الشركاء

الطرف الأول   الطرف الثاني

الفصل ٦. الخسائر وانقضاء الشركات

أ. احكام شركات المساهمة

إذا بلغت خسائر شركة المساهمة نصف رأس المال المدفوع، في أي وقت خلال السنة المالية (المادة ١٥٠,١):

- وجب على أي مسؤول في الشركة (مثلا المدير العام أو المدير المالي أو أيّ مدير آخر) أو مراجع الحسابات فَوْرَ عِلْمِهِ بذلك إبلاغ رئيس مجلس الإدارة؛
- وعلى رئيس مجلس الإدارة إبلاغ أعضاء المجلس فوراً بذلك؛
- وعلى مجلس الإدارة خلال ١٥ يوماً من عِلْمِهِ بذلك دعوة الجمعية العامة غير العادية للاجتماع خلال ٤٥ يوماً من تاريخ عِلْمِهِ بالخسائر.

تقرر الجمعية العامة إما:

- زيادةَ رأس مال الشركة أو تخفيضَ رأس مال الشركة وذلك إلى الحد الذي تنخفض معه نسبة الخسائر إلى اقل من نصف رأس مال الشركة؛ أو
- حل الشركة قَبْل الأجل المحدد في نظامها الأساس.

تعتبر الشركة **منقضية بقوة النظام** إذا:

- لم تجتمع الجمعية العامة غير العادية خلال المدة المحددة في الفقرة (١) من المادة ١٥٠؛ أو
- اجتمعت الجمعية العامة ولم تصدر قرار في الموضوع؛ أو
- قررت الجمعية العامة زيادة رأس المال ولم يتم الاكتتاب في كل زيادة رأس المال خلال ٩٠ يوماً من صدور قرار الجمعية بالزيادة (المادة ١٥٠,٢).

ب. احكام شركات ذات المسؤولية المحدودة

إذا بلغت خسائر الشركة ذات المسؤولية المحدودة نصف رأس مالِها، وجب على مديري الشركة (المادة ١٨١,١):

- تسجيل هذه الواقعة في السجل التجاري؛ و
- دعوة الشركاء للاجتماع خلال مدة لا تزيد على تسعين يوماً من تاريخ علمِهم بالخسارة للنظر في:
  - استمرار الشركة؛ أو
  - حل الشركة.

يَجِبُ شهر قرار الشركاء سواء باستمرارِ الشركةِ أو حلِها في أم القرى، الجريدة الرسمية للمملكة العربية السعودية (المادة ١٨١,٢).

تُعَدُّ الشركة منقضية بقوة النظام إذا (المادة ١٨١,٣):

- أهْمَلَ مديرو الشركة دعوة الشركاء لاجتماع؛ أو
- تَعَذَّرَ على الشركاء إصدار قرار باستمرار الشركة أو حلها.

ج. مقارنة بين احكام شركات مساهمة واحكام شراكات ذات المسؤولية المحدودة

	الشركة المساهمة	الشركة ذات المسؤولية المحدودة
المتطلَّبات	إذا بلغت خسائر شركة المساهمة نصف رأس المال: - وجب على أي مدير في الشركة أو مراجع الحسابات إبلاغ رئيس مجلس الإدارة؛ - على رئيس مجلس الإدارة إبلاغ أعضاء المجلس؛ - وعلى مجلس الإدارة دعوة الجمعية العامة غير العادية للاجتماع. تقرر الجمعية العامة إما: - زيادةَ رأس المال وذلك إلى الحد الذي تنخفض معه نسبة الخسائر إلى اقل من نصف رأس مال الشركة؛ أو - حل الشركة.	إذا بلغت خسائر الشركة ذات المسؤولية المحدودة نصف رأس مالِها، وجب على مديري الشركة: - تسجيل الخسائر في السجل التجاري؛ - دعوة الشركاء للاجتماع للقرار في استمرار الشركة أو حلَها.

	الشركة المساهمة	الشركة ذات المسؤولية المحدودة
المواعيد وأوقاتها	إبلاغ المدير أو مراجع الحسابات: - فَوْرَ عِلْمِهِ بالخسائر؛ إبلاغ رئيس مجلس الإدارة: - فورًا دعوة مجلس الإدارة للشركاء إلى الجمعية العامة غير العادية - خلال ١٥ يوماً من عِلْمِ مجلس الإدارة بالخسائر الجمعية العامة غير العادية: - خلال ٤٥ يوماً من تاريخ عِلْمِ مجلس الإدارة بالخسائر	على مديري الشركة دعوة الشركاء للاجتماع خلال مدة لا تزيد على تسعين يوماً من تاريخ علمِهم بالخسارة.
متطلّبات النشر	لا ينطبق.	يَجِبُ شهر قرار الشركاء في أم القرى.
التخلُّف عن القيام بالمتطلّبات	تُعَدُّ الشركة **منقضية بقوة النظام** إذا الجمعية العامة غير العادية: - لم تجتمع؛ أو - اجتمعت ولم تصدر قرار في الموضوع؛ أو - قررت زيادة رأس المال ولم يتم الاكتتاب في كل زيادة رأس المال خلال ٩٠ يوماً من صدور قرارها بالزيادة (المادة ١٥٠,٢).	تُعَدُّ الشركة **منقضية بقوة النظام** إذا: - أَهْمَلَ مديرو الشركة دعوة الشركاء لاجتماع - تَعَذَّرَ على الشركاء إصدار قرار باستمرار الشركة أو حلها

الفصل ٧. الملاحق

I. جدول اشكال الشركات الموجودة حسب نظام الشركات

نوع	ترجمته	الباب في نظام الشركات	شخصية إعتبارية	ملاحظات
المُؤَسَّسة الفَرْديّة	Sole / individual proprietorship / establishment	لا ينطبق	☒	لا توجد قيود حكومية على نشاطِها، ولكنه لا يجوز تأسيس المؤسسة الفردية إلا مِن قِبَل المواطنين السعوديين أو مِن قِبَل مواطني دول الخليج
الفرع لشركة اجنبية	Branch of a foreign company	الباب ٩	☒	ديون والتزامات الفرع منسوبة إلى المركز الرئيسي للشركة
شركة المحاصة	*ad hoc* venture company / partnership	الباب ٤	☒	مشاركة غير مسجلة وغير مندمجة
شركة التضامُن	General partnership	الباب ٢	☒	تتطلّبُ الشرية شريكَيْن متضامنَيْن على الأقل
شركة التوصية البسيطة	Limited partnership	الباب ٣	☒	تتطلَّبُ الشركة شريكاً متضامِناً وشريكاً موصياً على الأقل
شركة المُساهِمَة	Joint stock corporation	الباب ٥	☑	تتطلب الشركة شريكَيْن اثنَين موصيَيْن على الأقل[1]
الشركة ذات المَسْؤُولِيَّة المحدودة	Limited liability company	الباب ٦	☑	يتطلب شريك واحد على الأقل

[1] في بعض الحالات، يسمح النظام تأسيس شركة المساهمة بشريك واحد فقط.

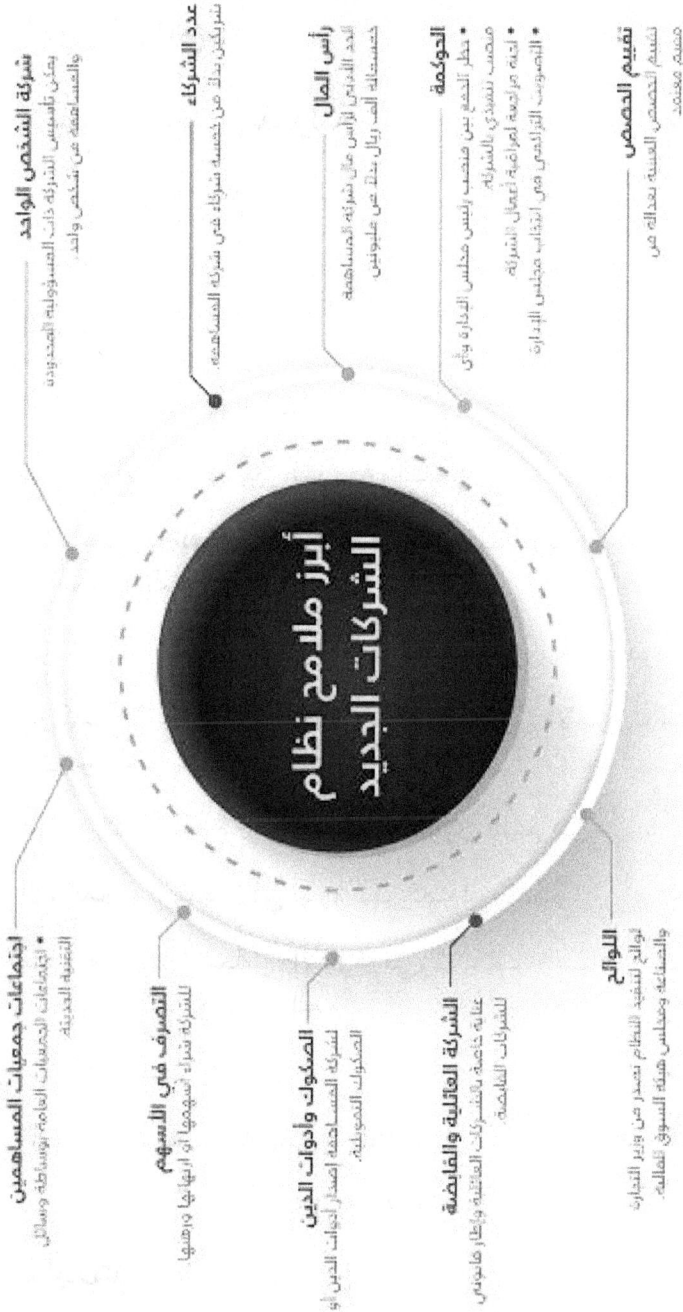

II. أبرز ملامح نظام الشركات الجديد

أبرز ملامح نظام الشركات الجديد
شركة الشخص الواحد
عدد الشركاء
رأس المال
الحوكمة
تقييم الحصص
اجتماعات جمعيات المساهمين
الصكوك وأدوات الدين
لشركة المساهمة إصدار أدوات الدين أو الصكوك التمويلية.
الشركة العائلية والقابضة
اللوائح

III. **قائمة المراجع**

أ. **الأنظمة والمعرفة القانونية**

المملكة العربية السعودية، دليل أنظمة وقوانين الشركات

نظام الشركات الجديد

ب. **الكتب**

الوجيز في الشركات التجارية والإفلاس

شركات الاشخاص بين الشريعة والقانون

نظام ضريبة الدخل: الضريبة على شركات الأموال المقيمة (وزارة المالية، مصلحة الزكاة والدخل)

حق استرداد الحصص في الشركة ذات المسؤولية المحدودة

شركات الأشخاص في الفقه الإسلامي وقانون الإمارات مع التركيز على شركة المحاصة

مجلس إدارة الشركة المساهمة في القانون السعودي

الاستثمار والمتاجرة في أسهم الشركات المختلطة

مدى مسؤولية مجلس الإدارة في شركات المساهمة عن أعمال العضو المنتدب والمدير العام

الشركات التجارية

التحول. النهوض التاريخي لشركة نيسان

شركات الأموال السعودية (دراسة مقارنة)

ج. **المجلات**

مجلة مجمع الفقه الإسلامي العدد الرابع الجزء الأول، الجلسة الافتتاحية ـ بحوث المؤتمر وفتاواه (زكاة الأسهم في الشركات)

مجلة مجمع الفقه الإسلامي العدد الرابع عشر الجزء الثاني، عقود المقاولة ـ الشركات الحديثة

مجلة مجمع الفقه الإسلامي العدد السادس عشر الجزء الأول، الجلسة الافتتاحية ـ بحوث المؤتمر وقراراته (زكاة الحسابات المقيدة وشركات التأمين الإسلامية والتأمينات النقدية ومكافآت نهاية الخدمة)

د. الشريعة والتمويل

١. الشريعة والفقه

كتاب الفروع: الجزء ٧، الشركة والوصايا

شرح منتهى الأرادات الجزء الثالث، البيع والحجر والشركة

تيسير مسائل الفقه الجزء الثالث، مسائل البيع والخيار والربا والصرف والثمار والسلم والقرض والرهن والضمان والوكالة والشركة

أحكام الشركات في الفقه الإسلامي المالكي

شركة المضاربة في الفقه الإسلامي

٢. التمويل / التمويل الإسلامي

أثر الديون ونقود الشركة أو المحفظة على تداول الأسهم والصكوك والوحدات الاستثمارية

IV. النماذج

أ. نموذج دعوة إلى جمعية عامة عادية

السادة / المساهمين بشركة .... المحترمين

يسعدنا أن ندعوكم لحضور اجتماع الجمعية العامة العادية للشركة يوم .... تاريخ .... الموافق ٠٦ ....
الساعة .... بمدنية .... بمقر الشركة ....
لمناقشة جدول الأعمال التالي:

١- ....
٢- ....
٣- ....
٤- ....

علماً بأنه يشترط لصحة انعقاد هذه الجمعية حضور عدد من المساهمين يمثل ٥٠% من رأس المال، ولكل مساهم يملك ٢٠ سهم حق الحضور لاجتماع الجمعية العامة، ويرجى من المساهمين الذين يتعذر حضورهم في الموعد المحدد ويرغبون في توكيل غيرهم من المساهمين ممن لهم حق حضور الاجتماع (من غير أعضاء مجلس الإدارة وموظفي الشركة) إرسال التوكيلات اللازمة مصدقة من الغرفة التجارية أو من أحد البنوك أو جهة العمل، وإرساله على العنوان التالي الرياض صندوق بريد ....
الرمز البريدي .... وذلك قبل موعد الاجتماع بثلاثة أيام على الأقل مع ضرورة إحضار المساهمين للاجتماع (أصالة أو وكالة) بطاقاتهم الشخصية.

للاستفسار   يرجى   الاتصال : ....
....

نموذج توكيل

السادة / شركة .... المحترمين

السلام عليكم ورحمة الله وبركاته ...وبعد

أنا المساهم / .... الموقع أدناه (الاسم رباعياً أو اسم الشركة أو المؤسسة كما هو في سجلها التجاري / المدني) بموجب .... رقم .... وتاريخ .... وبصفتي احد المساهمين بشركة .... والمالك لعدد ...... سهم قد وكلت :

المساهم .... الاسم رباعياً السجل المدني .... وهو من غير أعضاء مجلس الادارة أو موظفي الشركة أو المكلفين بالقيام بصفة دائمة بعمل فني أو إداري لحسابها لينوب عني في حضور اجتماع الجمعية العامة العادية أو الغير العادية للشركة المقرر عقده يوم .... تاريخ .... الموافق .... والتصويت على بنود جدول أعمال الجمعية نيابة عني والتوقيع على كل المستندات المطلوبة واللازمة لإجراءات الاجتماع أو أي اجتماع يؤجل .

حرر في ....

الاسم : .... التوقيع ....

الصفة .... التصديق ....

٧. قاموس

الوزارة وزارة التجارة والاستثمار.

الوزير وزير التجارة والاستثمار.

الهيئة هيئة السوق المالية.

مجلس الهيئة مجلس هيئة السوق المالية.

الرئيس رئيس مجلس الهيئة.

الجهة المختصة وزارة التجارة والاستثمار، إلا ما يتعلق بالشركات المساهمة المُدْرَجَة في السوق المالية فتكون هيئة السوق المالية.

النظام نظام الشركات.

VI.   نظام الشركات

الباب الأول: أحكام عامة

المادة (١) الأولى:

يقصد بالعبارات والمصطلحات التالية ـأينما وردت في هذا النظامـ المعاني الموضحة أمام كل

منها، ما لم يقتض السياق غير ذلك:

الوزارة: وزارة التجارة والصناعة.

الوزير: وزير التجارة والصناعة.

الهيئة: هيئة السوق المالية.

مجلس الهيئة: مجلس هيئة السوق المالية.

الرئيس: رئيس مجلس الهيئة.

الجهة المختصة: وزارة التجارة والصناعة، إلا ما يتعلق بالشركات المساهمة المدرجة في السوق المالية

فتكون هيئة السوق المالية.

النظام: نظام الشركات.

المادة (٢) الثانية:

الشركة عقد يلتزم بمقتضاه شخصان أو أكثر بأن يساهم كل منهم في مشروع يستهدف الربح بتقديم حصة من مال أو عمل أو منهما معاً لاقتسام ما ينشأ من هذا المشروع من ربح أو خسارة.

المادة (٣) الثالثة:

١ ـ يجب أن تتخذ الشركة التي تؤسس في المملكة أحد الأشكال الآتية:

أـ شركة التضامن.

بـ شركة التوصية البسيطة.

جـ شركة المحاصَّة.

دـ شركة المساهمة.

هـ- الشركة ذات المسؤولية المحدودة.

٢ - مع مراعاة أحكام الفقرة (٣) من هذه المادة، تكون باطلة كل شركة لا تتخذ أحد الأشكال المذكورة في الفقرة (١) من هذه المادة، ويكون الأشخاص الذين تعاقدوا باسمها مسؤولين شخصياً وبالتضامن عن الالتزامات الناشئة من هذا التعاقد.

٣- لا تنطبق أحكام النظام على الشركات المعروفة في الفقه الإسلامي، وذلك ما لم تتخذ شكل - شركة من الشركات الواردة في الفقرة (٠) من هذه المادة.

المادة (٤) الرابعة:

باستثناء شركة المحاصة، تعد الشركة التي تؤسس وفقاً لأحكام النظام سعودية الجنسية، ويجب

أن يكون مركزها الرئيس في المملكة، ولا يستتبع هذه الجنسية بالضرورة تمتع الشركة بالحقوق

المقصورة على السعوديين.

المادة (٥) الخامسة:

يجوز أن تكون حصة الشريك نقدية أو عينية، ويجوز كذلك أن تكون عملاً، ولكن لا يجوز أن تكون ما له من سمعة أو نفوذ.

تكوِّن الحصص النقدية والحصص العينية وحدها رأس مال الشركة، ولا يجوز تعديل رأس المال إلا وفقا لأحكام النظام وما لا يتعارض معها من الشروط الواردة في عقد تأسيس الشركة أو في نظامها الأساس.

المادة (٦) السادسة:

إذا كانت حصة الشريك حق ملكية أو حق منفعة أو أي حق عيني آخر، كان الشريك مسؤولاً

وفقاً لأحكام عقد البيع عن ضمان الحصة في حالة الهلاك أو الاستحقاق أو ظهور عيب أو نقص

فيها. وإذا كانت حصة الشريك مجرد الانتفاع بحق شخصي على المال، طبقت أحكام عقد الإيجارعلى الأمور المذكورة.

إذا كانت حصة الشريك حقًّا له لدى الغير، فلا تبرأ ذمته قِبَل الشركة إلا بعد تحصيله هذا -

الحق ووضعه تحت تصرف الشركة خلال المدة المحددة لذلك.

إذا كانت حصة الشريك عملاً، وجب عليه أن يقوم بالأعمال التي تعهد بها، ويكون كل كسب

ينتج من هذا العمل من حق الشركة، ولا يجوز له أن يمارس هذا العمل لحسابه الخاص. ومع ذلك لا يكون ملزماً بأن يقدم إلى الشركة ما يكون قد حصل عليه من حق على براءة اختراع، إلا إذا اتفق على ذلك.

المادة (٧) السابعة:

يعد كل شريك مديناً للشركة بالحصة التي تعهد بها، فإن تأخر في تقديمها عن الأجل المحدد

لذلك، كان مسؤولاً في مواجهة الشركة عن تعويض الضرر الذي يترتب على هذا التأخير.

المادة (٨) الثامنة:

لا يجوز للدائن الشخصي لأحد الشركاء أن يتقاضى حقه من أسهم أو حصة مدينه في رأس مال الشركة، وإنما يجوز له بعد الحصول على حكم من الجهة القضائية المختصة أن يتقاضى حقه من نصيب الشريك المدين في صافي الأرباح الموزعة وفقاً للقوائم المالية للشركة. فإذا انقضت الشركة انتقل حق الدائن إلى نصيب مدينه فيما يفيض من أموالها بعد سداد ديونها.

يجوز للدائن الشخصي للمساهم فضلاً عن الحقوق المشار إليها في الفقرة (١) من هذه المادة

أن يطلب من الجهة القضائية المختصة بيع ما يلزم من أسهم ذلك المساهم ليتقاضى حقه من

حصيلة بيعها، على أن يكون للمساهمين في شركات المساهمة غير المدرجة الأولوية في شراء تلك الأسهم.

المادة (٩) التاسعة:

١ ـ دون الإخلال بما تقضي به الفقرة (٢) من هذه المادة، يتقاسم جميع الشركاء الأرباح والخسائر، فإن اتفق على حرمان أحد الشركاء من الربح أو على إعفائه من الخسارة، عُدَّ هذا الشرط كأن لم يكن، وتطبق في هذه الحالة أحكام المادة (الحادية عشرة) من النظام.

٢ - يعفي من المساهمة في الخسارة الشريك الذي لم يقدم غير عمله.

المادة (١٠) العاشرة:

لا يجوز توزيع أرباح على الشركاء إلا من الأرباح القابلة للتوزيع

إذا وزعت أرباح صورية على الشركاء، جاز لدائني الشركة مطالبة كل شريك ولو كان حسن النية برد ما قبضه منها.

٣ - لا يُلزم الشريك برد الأرباح الحقيقية التي قبضها ولو منيت الشركة بخسائر في السنوات التالية.

المادة (١١) الحادية عشرة:

يكون نصيب الشريك في الأرباح أو في الخسائر بحسب نسبة حصته في رأس المال، ومع ذلك يجوز في عقد تأسيس الشركة الاتفاق على تفاوت نسب الشركاء وفق ما تقضي به الضوابط الشرعية.

إذا كانت حصة الشريك مقصورة على عمله، ولم يعين في عقد تأسيس الشركة نصيبه في الربح أو في الخسارة، فيكون نصيبه بنسبة حصته بحسب تقويمها عند تأسيس الشركة. وإذا تعدد الشركاء بالعمل دون تقويم حصة كل منهم عدت هذه الحصص متساوية ما لم يثبت العكس. وإذا قدم الشريك إضافة إلى عمله حصة نقدية أو عينية، كان له نصيب في الربح أو في الخسارة عن حصته بالعمل ونصيب آخر عن حصته النقدية أو العينية.

المادة (١٢) الثانية عشرة:

باستثناء شركة المحاصَّة، يجب أن يكون عقد تأسيس الشركة وكل ما يطرأ عليه من تعديل -

مكتوباً، وموثقاً من الجهة المختصة نظاماً بالتوثيق، وإلا كان العقد أو التعديل باطلاً.

٢- يكون مسؤولاً كل من تسبب في عدم توثيق عقد تأسيس الشركة أو ما يطرأ عليه من تعديل على

النحو الوارد في الفقرة (١) من هذه المادة، من الشركاء أو مديري الشركة أو أعضاء مجلس إدارتها بحسب الأحوال بالتضامن عن تعويض الضرر الذي يصيب الشركة أو الشركاء أو الغير من جراء ذلك.

المادة (١٣) الثالثة عشرة:

يجب أن يُشهر الشركاء أو مديري الشركة أو أعضاء مجلس الإدارة بحسب الأحوال عقد تأسيس الشركة وكذلك النظام الأساس لشركة المساهمة وما يطرأ عليهما من تعديل في موقع

الوزارة الإلكتروني. وللوزارة تحصيل مقابل مالي عن خدماتها في شهر عقد التأسيس ونظام الشركة الأساس وما يطرأ عليهما من تعديل وإصدار المستخرج والتصديق عليه. ويجب أن تزود الوزارة الشركة بنسخة أو أكثر من عقد التأسيس ونظام الشركة الأساس بعد التصديق عليها بما يفيد الشهر.

يتاح للغير الاطلاع على الوثائق المنصوص عليها في الفقرة (١) من هذه المادة، ويُعد المستخرج من موقع الوزارة، والمصدق عليه منها، حجة في مواجهة الغير بما يحتويه من بيانات.

كل من تسبب في عدم شهر الوثائق المنصوص عليها في الفقرة (١) من هذه المادة من الشركاء أو مديري الشركة أو أعضاء مجلس إدارتها؛ يكون مسؤولاً بالتضامن عن تعويض الضرر الذي يصيب الشركة أو الشركاء أو الغير بسبب عدم الشهر.

لا تسري الأحكام المنصوص عليها في هذه المادة على شركة المحاصَّة.

المادة (١٤) الرابعة عشرة:

باستثناء شركة المحاصَّة، تكتسب الشركة الشخصية الاعتبارية بعد قيدها في السجل التجاري، ومع ذلك يكون للشركة خلال مدة التأسيس شخصية اعتبارية بالقدر اللازم لتأسيسها، بشرط إتمام عملية التأسيس.

لا يجوز الاحتجاج على الغير بعقد تأسيس الشركة وبنظام شركة المساهمة الأساس المشهرة وفقاً لأحكام النظام إلا بعد قيد الشركة في السجل التجاري، ومع ذلك إذا اقتصر عدم الشهر على بيان أو أكثر من أي منهما، كانت هذه البيانات وحدها غير نافذة في مواجهة الغير.

المادة (١٥) الخامسة عشرة:

يجب أن يوضع اسم الشركة ونوعها ومركزها الرئيس ورقم قيدها في السجل التجاري على جميع العقود والمخالصات وغيرها من الوثائق التي تصدرها الشركة.

يضاف إلى البيانات المشار إليها في الفقرة (١) من هذه المادة في غير شركة التضامن وشركة التوصية البسيطة بيان عن مقدار رأس مال الشركة ومقدار المدفوع منه.

٣ - يضاف إلى اسم الشركة خلال مدة التصفية عبارة (تحت التصفية).

٤ - لا تسري الأحكام المنصوص عليها في هذه المادة على شركة المحاصَّة.

المادة (١٦) السادسة عشرة:

مع مراعاة أسباب الانقضاء الخاصة بكل نوع من أنواع الشركات، تنقضي الشركة بأحد الأسباب الآتية:

أ -انقضاء المدة المحددة لها، ما لم تمدد وفقاً لأحكام النظام.

ب- تحقق الغرض الذي أسست من أجله، أو استحالة تحققه. -

ج -انتقال جميع الحصص أو جميع الأسهم إلى شريك أو مساهم واحد، ما لم يرغب الشريك أو -

المساهم في استمرار الشركة وفقاً لأحكام النظام.

د -اتفاق الشركاء على حلها قبل انقضاء مدتها. -

هـ - اندماجها في شركة أخرى. -

و- صدور حكم قضائي نهائي بحلّها أو بطلانها، بناء على طلب أحد الشركاء أو أي ذي مصلحة، وكل شرط يقضي بالحرمان من استعمال هذا الحق يعد باطلاً.

الباب الثاني: شركة التضامن

المادة (١٧) السابعة عشرة:

شركة التضامن شركة بين أشخاص من ذوي الصفة الطبيعية يكونون فيها مسؤولين شخصياً في جميع أموالهم وبالتضامن عن ديون الشركة والتزاماتها، ويكتسب الشريك فيها صفة التاجر.

المادة (١٨) الثامنة عشرة:

يتكون اسم شركة التضامن من أسماء جميع الشركاء، أو من اسم واحد منهم أو أكثر مع إضافة كلمة "وشركاه" أو ما يفيد هذا المعنى. ويجب أن يقترن الاسم بما ينبئ عن وجود شركة تضامن.

إذا اشتمل اسم الشركة على اسم شخص غير شريك مع علمه بذلك، كان هذا الشخص مسؤولا مسؤولية شخصية في جميع أمواله وبالتضامن عن ديون الشركة والتزاماتها. ومع ذلك يجوز

للشركة أن تبقي في اسمها اسم شريك انسحب منها أو توفي، إذا قبل ذلك الشريك المنسحب أو

ورثة الشريك المتوفى.

المادة (١٩) التاسعة عشرة:

لا يجوز أن تكون حصص الشركاء ممثلة في صكوك قابلة للتداول.

لا يجوز للشريك أن يتنازل عن حصته إلا بموافقة جميع الشركاء أو بمراعاة القيود التي ينص عليها عقد تأسيس الشركة. ويجب أن يشهر التنازل بحسب ما هو منصوص عليه في المادة (الثالثة عشرة) من النظام، وكل اتفاق على جواز التنازل عن الحصص دون قيد يعد باطلاً. ومع ذلك يجوز للشريك أن يتنازل للغير عن الحقوق المتصلة بحصته، ولا يكون لهذا التنازل أثر إلا بين طرفيه.

المادة (٢٠) العشرون:

إذا انضم شريك إلى الشركة كان مسؤولاً بالتضامن مع باقي الشركاء في جميع أمواله عن -

ديون الشركة السابقة لانضمامه واللاحقة. ومع ذلك، يجوز الاتفاق على إعفائه من المسؤولية عن

الديون السابقة بعد شهر الاتفاق بحسب ما هو منصوص عليه في المادة (الثالثة عشرة) من النظام.

إذا انسحب شريك من الشركة أو أخرج منها بحكم نهائي من الجهة القضائية المختصة، فلا يكون مسؤولاً عن الديون والالتزامات التي تنشأ في ذمتها بعد شهر انسحابه أو إخراجه بحسب ما هو منصوص عليه في المادة (الثالثة عشرة) من النظام.

إذا تنازل أحد الشركاء عن حصته، فلا يكون مسؤولاً عن الديون قِبَل دائني الشركة، إلا إذا

اعترضوا على هذا التنازل خلال ثلاثين يوماً من تاريخ إبلاغ الشركة لهم بذلك، وفي حال

الاعتراض يكون المتنازل إليه مسؤولاً بالتضامن مع المتنازل عن هذه الديون.

المادة (٢١) الحادية والعشرون:

لا تجوز مطالبة الشريك بأن يؤدي من ماله ديناً على الشركة، إلا بعد ثبوت هذا الدين في ذمتها

بإقرار المسؤولين عن إدارتها أو بموجب حكم قضائي نهائي أو سند تنفيذي، وبعد إعذارها بالوفاء، ومنحها مدة معقولة لذلك يقدرها الدائن.

المادة (٢٢) الثانية والعشرون:

على مدير الشركة أو الشركاء فيها خلال ثلاثين يوماً من تاريخ توثيق عقد تأسيسها أن - -

يطلبوا شهر هذا العقد بحسب ما نص عليه النظام، وقيد الشركة في السجل التجاري، ويسري ذلك
على أي تعديل يطرأ على عقد تأسيس الشركة.

المادة (٢٣) الثالثة والعشرون:

يجب أن يوقع عقد تأسيس الشركة جميع الشركاء، وأن يشتمل بصفة خاصة على البيانات
الآتية:

اسم الشركة وغرضها ومركزها الرئيس وفروعها إن وجدت. ـ
ب ـ أسماء الشركاء وأماكن إقامتهم ومهنهم وجنسياتهم وتواريخ ميلادهم. ـ
ج ـ رأس مال الشركة وتعريف كاف بالحصة التي تعهد كل شريك بتقديمها وميعاد استحقاقها.

د ـ أسماء مديري الشركة إن وجدوا ومن لهم حق التوقيع نيابة عن الشركة، وذلك دون

الإخلال بما ورد في المادة (الخامسة والعشرين) من النظام.

هـ ـ تاريخ تأسيس الشركة ومدتها.

و ـ بدء السنة المالية وانتهائها.

المادة (٢٤) الرابعة والعشرون:

لا يجوز للشريك دون موافقة باقي الشركاء أن يمارس لحسابه أو لحساب الغير نشاطاً من نوع نشاط الشركة، ولا أن يكون شريكاً أو مديراً أو عضو مجلس إدارة في شركة تنافسها أو مالكاً

لأسهم أو حصص تمثل نسبة مؤثرة في شركة أخرى تمارس النشاط نفسه. وإذا أخل أحد الشركاء بهذا الالتزام كان للشركة أن تطلب من الجهة القضائية المختصة أن تَعُدَّ التصرفات التي قام بها لحسابه الخاص قد تمت لحساب الشركة، وللشركة فضلاً عن ذلك مطالبته بالتعويض.

المادة (٢٥) الخامسة والعشرون:

يعين الشركاء مديراً أو أكثر من بين الشركاء أو من غيرهم، سواء في عقد تأسيس الشركة أو

في عقد مستقل. وإذا تعدد المديرون دون أن يعين اختصاص كل منهم ودون أن ينص على عدم جواز انفراد أي منهم بالإدارة، كان لكل منهم أن يقوم منفرداً بأي عمل من أعمال الإدارة، على أن يكون لباقي المديرين الاعتراض على العمل قبل تمامه، وفي هذه الحالة تكون العبرة بأغلبية آراء المديرين، فإذا تساوت الآراء وجب عرض الأمر على الشركاء لإصدار قرار في شأنه وفقاً للمادة (السابعة والعشرين) من النظام.

المادة (٢٦) السادسة والعشرون:

لا يجوز للشريك غير المدير أن يتدخل في إدارة الشركة. ولكن يجوز له أو من يفوضه أن يطلع في مركز الشركة على سير أعمالها، وأن يفحص دفاترها ومستنداتها، وأن يستخرج بياناً موجزاً عن حالة الشركة المالية من واقع دفاترها ومستنداتها، وأن يوجه النصح لمديرها، وكل اتفاق على غير ذلك يعد باطلاً.

المادة (٢٧) السابعة والعشرون:

تصدر قرارات الشركاء بالأغلبية العددية لآرائهم، إلا إذا كان القرار متعلقاً بتعديل عقد تأسيس

الشركة فيجب أن يصدر بإجماع الشركاء، وذلك ما لم ينص عقد تأسيس الشركة على غير ذلك.

المادة (٢٨) الثامنة والعشرون:

إذا لم يحدد الشركاء طريقة إدارة الشركة، كان لكل منهم أن ينفرد بالإدارة، على أن يكون لباقي

الشركاء أو لأي منهم الاعتراض على أي عمل قبل تمامه، ولأغلبية الشركاء الحق في رفض هذا الاعتراض.

المادة (٢٩) التاسعة والعشرون:

يباشر المدير جميع أعمال الإدارة والتصرفات التي تدخل في غرض الشركة، ويمثلها أمام القضاء وهيئات التحكيم والغير، ما لم ينص عقد تأسيس الشركة صراحة على تقييد سلطته. وفي جميع الأحوال تلتزم الشركة بكل عمل يجريه المدير باسمها وفي حدود غرضها، إلا إذا كان من تعامل معه سيّء النية.

المادة (٣٠) الثلاثون:

لا يجوز للمدير أن يباشر الأعمال التي تجاوز غرض الشركة إلا بقرار من الشركاء أو بنص

صريح في عقد تأسيس الشركة. ويسري هذا الحظر بصفة خاصة على الأعمال الآتية:

أ ـ التبرعات، ما عدا التبرعات الصغيرة المعتادة.

ب ـ كفالة الشركة للغير.

ج ـ اللجوء إلى التحكيم.

د ـ التصالح على حقوق الشركة.

هـ ـ بيع عقارات الشركة أو رهنها، إلا إذا كان البيع مما يدخل في غرض الشركة وبيع محل الشركة التجاري (المتجر) أو رهنه.

المادة (٣١) الحادية والثلاثون:

لا يجوز للمدير أن يتعاقد لحسابه الخاص مع الشركة إلا بإذن خاص من الشركاء يصدر في كل

حالة على حدة. ولا يجوز له أن يمارس نشاطاً من نوع نشاط الشركة، ولا أن يكون شريكاً أو مديراً أو عضو مجلس إدارة في شركة تنافسها أو مالكاً لأسهم أو حصص تمثل نسبة مؤثرة في شركة أخرى تمارس النشاط نفسه، إلا بموافقة جميع الشركاء. وإذا أخل المدير بهذا الالتزام كان للشركة مطالبته بالتعويض.

المادة (٣٢) الثانية والثلاثون:

يكون المدير مسؤولاً عن تعويض الضرر الذي يصيب الشركة أو الشركاء أو الغير بسبب مخالفته شروط عقد تأسيس الشركة، أو بسبب إهماله أو تقصيره في أداء عمله. وكل اتفاق على غير ذلك يعد كأن لم يكن.

المادة (٣٣) الثالثة والثلاثون:

إذا كان المدير شريكاً معيناً في عقد تأسيس الشركة، فلا يجوز عزله إلا بقرار يصدر من الجهة القضائية المختصة بناء على طلب أغلبية الشركاء، وكل اتفاق على غير ذلك يعد كأن لم يكن. ويترتب على عزل المدير في الحالة المذكورة حل الشركة، ما لم ينص عقد التأسيس على غير ذلك.

إذا كان المدير شريكاً معيناً في عقد مستقل أو كان من غير الشركاء سواء أكان معيناً في

عقد تأسيس الشركة أم في عقد مستقل جاز عزله بقرار من الشركاء، ولا يترتب على هذا

العزل حل الشركة.

المادة (٣٤) الرابعة والثلاثون:

لا يجوز للمدير الشريك المعين في عقد تأسيس الشركة أن يعتزل الإدارة إلا لسبب مقبول، وإلا كان مسؤولاً عن التعويض. ويترتب على اعتزاله حل الشركة، ما لم ينص عقد التأسيس على غير ذلك.

٢- يجوز للمدير غير الشريك المعين في عقد تأسيس الشركة أن يعتزل الإدارة، بشرط أن يكون ذلك

في وقت مناسب، وأن يبلغ به الشركاء قبل نفاذ قرار اعتزاله بمدة معقولة، وإلا كان مسؤولاً عن

التعويض. ولا يترتب على اعتزاله حل الشركة، ما لم ينص عقد التأسيس على غير ذلك.

٣ يجوز لمدير الشركة المعين بعقد مستقل سواء أكان شريكاً أم غير شريك أن يعتزل الإدارة، بشرط أن يكون ذلك في وقت مناسب، وأن يبلغ به الشركاء قبل نفاذ قرار اعتزاله بمدة معقولة، وإلا كان مسؤولاً عن التعويض. ولا يترتب على اعتزاله حل الشركة.

المادة (٣٥) الخامسة والثلاثون:

يجب أن تحدد الأرباح والخسائر ونصيب كل شريك منها عند نهاية السنة المالية للشركة، وذلك من واقع قوائم مالية معدة وفقاً للمعايير المحاسبية المتعارف عليها، ومراجعة وفقاً لمعايير المراجعة المتعارف عليها من مراجع حسابات خارجي مرخص له.

يعد كل شريك دائناً للشركة بنصيبه في الأرباح بمجرد تعيين هذا النصيب.

٣ ـ يُكمَّل ما نقص من رأس مال الشركة بسبب الخسائر من أرباح السنوات التالية، وفيما عدا ذلك لا يجوز إلزام الشريك بتكملة ما نقص من حصته في رأس المال بسبب الخسائر إلا بموافقته.

المادة (٣٦) السادسة والثلاثون:

لا يجوز للشريك أن ينسحب من الشركة إذا كانت محددة المدة إلا لسبب مشروع تقبله الجهة القضائية المختصة. وإذا كانت الشركة غير محددة المدة، فيجب أن يكون انسحاب الشريك بحسن نية، وأن يعلنه لباقي الشركاء في وقت مناسب؛ وإلا جاز للجهة القضائية المختصة الحكم عليه بالاستمرار في الشركة فضلاً عن التعويض عند الاقتضاء.

يجوز للأغلبية العددية للشركاء أن تطلب من الجهة القضائية المختصة إخراج شريك أو أكثر من الشركة إذا كانت هناك أسباب مشروعة تدعو إلى ذلك. وفي هذه الحالة، يجوز للجهة القضائية المختصة أن تقرر استمرار الشركة بعد إخراج الشريك أو الشركاء إذا كان ذلك بحسب تقديرها سيؤدي إلى استمرار الشركة في أعمالها بصورة طبيعية تحقق مصلحة ـ

الشركة والشركاء الباقين فيها وتحفظ حقوق الغير. وإذا كان استمرار الشركة أمراً غير ممكن

بين الشركاء بعد فحص الجهة القضائية لطلب إخراج الشريك، كان لها أن تقرر حل الشركة.

المادة (٣٧) السابعة والثلاثون:

تنقضي شركة التضامن بوفاة أحد الشركاء، أو بالحجر عليه، أو بشهر إفلاسه، أو بإعساره، أو بانسحابه. ومع ذلك يجوز أن ينص في عقد تأسيس الشركة على أنه في حالة وفاة أحد الشركاء تستمر الشركة مع من يرغب من ورثة المتوفى، ولو كانوا قصَّراً أو ممنوعين نظاماً من ممارسة الأعمال التجارية، على ألا يسأل ورثة الشريك القصر أو الممنوعون نظاماً من ممارسة الأعمال التجارية عن ديون الشركة في حال استمرارها إلا في حدود نصيب كل واحد منهم في حصة مورثه في رأس مال الشركة. ويجب في هذه الحالة تحويل الشركة خلال مدة لا تجاوز سنة من تاريخ وفاة مورثهم إلى شركة توصية بسيطة يصبح فيها القاصر أو الممنوع نظاماً من ممارسة الأعمال التجارية موصياً؛ وإلا أصبحت الشركة منقضية بقوة النظام، ما لم يبلغ القاصر خلال هذه المدة سن الرشد أو ينتفِ سبب المنع عن مزاولة الأعمال التجارية.

يجوز أن ينص في عقد تأسيس الشركة على أنه إذا توفي أحد الشركاء أو حجر عليه أو شهر إفلاسه أو أعسر أو انسحب تستمر الشركة بين الباقين من الشركاء. وفي هذه الحالة لا يكون لهذا الشريك أو ورثته إلا نصيبه في أموال الشركة، ويقدر هذا النصيب وفقاً لتقرير خاص يعد من مقوم مرخص له يبين القيمة العادلة لنصيب كل شريك في أموال الشركة في تاريخ تخارج أي من الشركاء، إلا إذا نص عقد تأسيس الشركة أو اتفق الشركاء على طريقة أخرى للتقدير. ولا يكون للشريك أو ورثته نصيب فيما يستجد بعد ذلك من حقوق إلا بقدر ما تكون هذه الحقوق ناتجة من عمليات سابقة على تلك الواقعة.

الباب الثالث: شركة التوصية البسيطة

المادة (٣٨) الثامنة والثلاثون:

شركة التوصية البسيطة شركة تتكون من فريقين من الشركاء فريق يضم على الأقل شريكاً ـ متضامناً ومسؤولاً في جميع أمواله عن ديون الشركة والتزاماتها، وفريق آخر يضم على الأقل شريكاً موصياً لا يكون مسؤولاً عن

ديون الشركة والتزاماتها إلا في حدود حصته في رأس مال الشركة. ولا يكتسب الشريك الموصي صفة التاجر.

يخضع الشركاء المتضامنون في شركة التوصية البسيطة للأحكام المطبقة على الشركاء في ـ شركة التضامن.

تطبق على شركة التوصية البسيطة أحكام شركة التضامن فيما لم يرد به نص خاص في هذا الباب.

المادة (٣٩) التاسعة والثلاثون:

يتكون اسم شركة التوصية البسيطة من أسماء جميع الشركاء المتضامنين، أو من اسم واحد

منهم أو أكثر مع إضافة كلمة "وشركاه" أو ما يفيد هذا المعنى. ويجب أن يقترن الاسم بما ينبئ

عن وجود شركة توصية بسيطة.

إذا اشتمل اسم الشركة على اسم شريك موص أو اسم شخص غير شريك مع علمه بذلك عُدَّ شريكاً متضامناً في مواجهة الغير الذي تعامل مع الشركة بحسن نية على هذا الأساس.

المادة (٤٠) الأربعون:

لا يجوز للشريك الموصي التدخل في أعمال الإدارة الخارجية للشركة ولو بناء على توكيل. فإن

تدخل كان مسؤولاً بالتضامن في جميع أمواله عن ديون الشركة والتزاماتها التي ترتبت على ما أجراه من أعمال. وإذا كانت الأعمال التي أجراها من شأنها أن تدعو الغير إلى الاعتقاد بأنه شريك متضامن عُدَّ في مواجهة ذلك الغير مسؤولاً بالتضامن في جميع أمواله عن ديون الشركة كلها. ومع ذلك يجوز للشريك الموصي الاشتراك في أعمال الإدارة الداخلية للشركة وفق ما ينص عليه عقد

تأسيسها، ولا يرتب هذا الاشتراك أي التزام في ذمته.

المادة (٤١) الحادية والأربعون:

يجوز للشريك الموصي أن يتنازل عن حصته لأي من الشركاء الآخرين في الشركة. كما يجوز

له التنازل عن حصته للغير بعد موافقة جميع الشركاء المتضامنين والشركاء الموصين المالكين لأغلبية رأس المال الخاص بالفريق الموصي، وذلك ما لم ينص عقد تأسيس الشركة على غير ذلك.

المادة (٤٢) الثانية والأربعون:

لا تنقضي شركة التوصية البسيطة بوفاة أحد الشركاء الموصين، أو بالحجر عليه، أو بشهر

إفلاسه، أو بإعساره، أو بانسحابه، وذلك ما لم ينص عقد تأسيس الشركة على غير ذلك.

الباب الرابع: شركة المحاصَّة

المادة (٤٣) الثالثة والأربعون:

شركة المحاصَّة شركة تستتر عن الغير، ولا تتمتع بشخصية اعتبارية، ولا تخضع لإجراءات الشهر، ولا تقيد في السجل التجاري.

المادة (٤٤) الرابعة والأربعون:

يجوز إثبات شركة المحاصة بجميع طرق الإثبات.

المادة (٤٥) الخامسة والأربعون:

يحدد عقد الشركة غرضها وحقوق الشركاء والتزاماتهم وكيفية إدارتها وتوزيع الأرباح

والخسائر فيما بين الشركاء وغير ذلك من الشروط.

المادة (٤٦) السادسة والأربعون:

لا يجوز ضم شريك جديد إلى الشركة إلا بموافقة جميع الشركاء، ما لم ينص عقد الشركة

على غير ذلك.

المادة (٤٧) السابعة والأربعون:

لا يجوز لشركة المحاصة أن تصدر صكوكاً قابلة للتداول.

المادة (٤٨) الثامنة والأربعون:

ليس للغير حق الرجوع إلا على الشريك الذي تعامل معه. وإذا صدر من الشركاء عمل يكشف

للغير عن وجود الشركة، جاز اعتبارها بالنسبة إليه شركة تضامن واقعية، وذلك دون إخلال بسريان شروط عقد الشركة فيما بين الشركاء.

المادة (٤٩) التاسعة والأربعون:

يبقى الشريك في شركة المحاصَّة مالكاً لحصته، ما لم يتفق الشركاء على غير ذلك. ـ

إذا كانت الحصة عينية معينة بذاتها وشهر إفلاس الشريك الذي يحرزها، كان لمالكها حق ـ

استردادها من التفليسة بعد أداء نصيبه في خسائر الشركة.

إذا كانت الحصة نقوداً أو مثليات غير مفرزة، فلا يكون لمالكها إلا الاشتراك في التفليسة بوصفه دائناً بقيمة الحصة مخصوماً منها نصيبه في خسائر الشركة.

المادة (٥٠) الخمسون:

تنقضي شركة المحاصَّة بوفاة أحد الشركاء، أو بالحجر عليه، أو بشهر إفلاسه، أو بإعساره، أو

بانسحابه، ما لم ينص عقد الشركة على استمرارها بين الشركاء الباقين.

المادة (٥١) الحادية والخمسون:

تسري على شركة المحاصَّة أحكام المواد: (الرابعة والعشرين) و(السابعة والعشرين) و(الخامسة
والثلاثين) المتعلقة بشركة التضامن.

الباب الخامس: شركة المساهمة

الفصل الأول: أحكام عامة

المادة (٥٢) الثانية والخمسون:

شركة المساهمة شركة رأس مالها مقسم إلى أسهم متساوية القيمة وقابلة للتداول، وتكون الشركة وحدها مسؤولة عن الديون والالتزامات المترتبة على ممارسة نشاطها.

المادة (٥٣) الثالثة والخمسون:

يكون لكل شركة مساهمة اسم يشير إلى غرضها، ولا يجوز أن يشتمل هذا الاسم على اسم شخص ذي صفة طبيعية، إلا إذا كان غرض الشركة استثمار براءة اختراع مسجلة باسم هذا الشخص، أو إذا ملكت الشركة منشأة تجارية واتخذت اسمها اسماً لها، أو كان هذا الاسم اسماً لشركة تحولت إلى شركة مساهمة واشتمل اسمها على اسم شخص ذي صفة طبيعية. وإذا كانت الشركة مملوكة لشخص واحد، وجب أن يتضمن الاسم ما يفيد أنها شركة مساهمة مملوكة لشخص واحد.

المادة (٥٤) الرابعة والخمسون:

يجب أن يكون رأس مال الشركة عند تأسيسها كافياً لتحقيق غرضها، وفي جميع الأحوال لا يجوز أن يقل عن (خمسمائة ألف) ريال. ويجب كذلك ألا يقل المدفوع من رأس المال عند التأسيس عن الربع.

المادة (٥٥) الخامسة والخمسون:

استثناءً من المادة (الثانية) من النظام، يجوز للدولة والأشخاص ذوي الصفة الاعتبارية العامة والشركات المملوكة بالكامل للدولة والشركات التي لا يقل رأس مالها عن خمسة ملايين ريال، تأسيس شركة مساهمة من شخص واحد، ويكون لهذا الشخص صلاحيات جمعيات المساهمين بما فيها الجمعية التأسيسية وسلطاتها.

الفصل الثاني: تأسيس شركة المساهمة

المادة (٥٦) السادسة والخمسون:

يعد مؤسساً، كل من وقع عقد تأسيس الشركة، أو طلب الترخيص بتأسيسها، أو قدم حصة عينية عند تأسيسها، أو اشترك فعلياً في تأسيسها، وذلك بنية الدخول مؤسساً في الشركة. ويكون المؤسس الذي قدم حصة عينية مسؤولاً عن صحة تقويم حصته.

المادة (٥٧) السابعة والخمسون:

يقدم طلب تأسيس الشركة إلى الوزارة موقعاً عليه مقدم الطلب أو مقدموه، ويرافق الطلب عقد

التأسيس ونظامها الأساس.

المادة (٥٨) الثامنة والخمسون:

إذا لم يقصر المؤسسون الاكتتاب بجميع الأسهم على أنفسهم، وجب عليهم طرح الأسهم التي لم يكتبوا بها للاكتتاب وفقاً لنظام السوق المالية.

المادة (٥٩) التاسعة والخمسون:

يودع المدفوع من قيمة الأسهم المكتتب بها باسم الشركة تحت التأسيس لدى أحد البنوك المرخصة في المملكة، ولا يجوز أن يتصرف فيه إلا مجلس الإدارة بعد إعلان تأسيس الشركة.

المادة (٦٠) الستون:

يكون الترخيص بتأسيس شركة المساهمة بقرار من الوزارة، بما في ذلك التي تؤسسها أو تشترك في تأسيسها الدولة أو غيرها من الأشخاص ذوي الصفة الاعتبارية العامة. وإذا كان نشاط الشركة يتطلب الحصول على موافقة أو ترخيص من الجهة المختصة نظاماً قبل الترخيص بتأسيسها، فلا يصدر قرار الترخيص بتأسيس الشركة إلا بعد الحصول على تلك الموافقة أو الترخيص.

٢ ـ لا تمارس الشركة نشاطها إلا بعد اكتمال إجراءات التأسيس والحصول على الترخيص النهائي اللازم للنشاط من الجهة المختصة إن وجد.

٣ إذا كان طلب تأسيس شركة المساهمة التي تؤسسها أو تشترك في تأسيسها الدولة أو غيرها من

الأشخاص ذوي الصفة الاعتبارية العامة؛ يتضمن استثناءً من بعض أحكام النظام، فيرفع طلب

الترخيص بالتأسيس والاستثناء إلى مجلس الوزراء؛ للنظر في الموافقة عليهما.

المادة (٦١) الحادية والستون:

إذا كانت هناك حصص عينية، وجب أن يرافق طلب التأسيس تقرير معد من خبير أو مقوّم معتمد أو أكثر يتضمن تقديراً للقيمة العادلة لهذه الحصص.

على المؤسسين إيداع صورة من تقرير تقويم الحصص العينية في مركز الشركة الرئيس قبل انعقاد الجمعية التأسيسية بخمسة عشر يوماً على الأقل، ويحق لكل ذي شأن الاطلاع عليه.

٣ - يعرض التقرير المذكور على الجمعية التأسيسية للمداولة فيه؛ فإن قررت الجمعية تخفيض المقابل المحدد للحصص العينية، وجب أن يوافق مقدمو الحصص العينية على هذا التخفيض أثناء انعقاد الجمعية. فإن رفض هؤلاء الموافقة على التخفيض عُدَّ عقد تأسيس الشركة كأن لم يكن بالنسبة

إلى جميع أطرافه.

المادة (٦٢) الثانية والستون:

يدعو المؤسسون جميع المكتتبين إلى عقد جمعية تأسيسية خلال خمسة وأربعين يوماً من تاريخ قرار الوزارة بالترخيص بتأسيس شركة المساهمة ذات الاكتتاب المغلق أو من تاريخ قفل باب الاكتتاب في الأسهم في شركة المساهمة ذات الاكتتاب العام، وذلك وفقاً للأوضاع المنصوص عليها في نظام الشركة الأساس. على ألا تقل المدة بين تاريخ الدعوة وتاريخ الانعقاد عن ثلاثة أيام في شركات المساهمة ذات الاكتتاب المغلق، وعن عشرة أيام في شركات المساهمة ذات الاكتتاب العام.

لكل مكتتب أيًّا كان عدد أسهمه حق حضور الجمعية التأسيسية. ويشترط لصحة - - -

الاجتماع حضور عدد من المكتتبين يمثل نصف رأس المال على الأقل. فإذا لم يتوافر هذا النصاب،وجهت دعوة إلى اجتماع ثانٍ يعقد بعد خمسة عشر يوماً على الأقل من توجيه الدعوة إليه. ومع ذلك، يجوز أن يعقد الاجتماع الثاني بعد ساعة من انتهاء المدة المحددة لانعقاد الاجتماع الأول،

ويجب أن تتضمن الدعوة لعقد الاجتماع الأول ما يفيد الإعلان عن إمكانية عقد هذا الاجتماع. وفي جميع الأحوال، يكون الاجتماع الثاني صحيحاً أيًّا كان عدد المكتتبين الممثلين فيه.

تختار الجمعية التأسيسية رئيساً لها وأميناً للسر وجامعاً للأصوات. وتصدر القرارات في الجمعية التأسيسية بالأغلبية المطلقة للأسهم الممثلة فيها. ويوقع رئيس الجمعية وأمين السر وجامع الأصوات محضر الاجتماع، ويرسل المؤسسون صورة منه إلى الوزارة، وكذلك ترسل صورة إلى الهيئة إذا كانت شركة مساهمة ذات اكتتاب عام.

المادة (٦٣) الثالثة والستون:

تختص الجمعية التأسيسية بالأمور الآتية:

أ - التحقق من الاكتتاب بكل أسهم الشركة ومن الوفاء بالحد الأدنى من رأس المال وبالقدر المستحق من قيمة الأسهم وفقاً لأحكام النظام.

ب - المداولة في تقرير تقويم الحصص العينية.

ج - إقرار النصوص النهائية لنظام الشركة الأساس، على ألا تُدخل تعديلات جوهرية على النظام

المعروض عليها إلا بموافقة جميع المكتتبين الممثلين فيها.

د - تعيين أعضاء أول مجلس إدارة لمدة لا تتجاوز خمس سنوات وأول مراجع حسابات إذا لم يكونوا قد عُيِّنوا في عقد تأسيس الشركة أو في نظامها الأساس.

هـ - المداولة في تقرير المؤسسين عن الأعمال والنفقات التي اقتضاها تأسيس الشركة، وإقراره.

ويجوز للوزارة، وكذلك للهيئة في شركة المساهمة ذات الاكتتاب العام، أن توفد مندوباً (أو

أكثر) بوصفه مراقباً لحضور الجمعية التأسيسية للشركة؛ للتأكد من تطبيق أحكام النظام.

المادة (٦٤) الرابعة والستون:

يقدم المؤسسون خلال خمسة عشر يوماً من تاريخ انتهاء اجتماع الجمعية التأسيسية طلباً إلى الوزارة بإعلان تأسيس الشركة، ترافقه الوثائق الآتية:

أ - إقرار بحصول الاكتتاب بكل أسهم الشركة وبما دفعه المكتتبون من قيمة الأسهم.

ب - محضر اجتماع الجمعية التأسيسية وقراراتها.

ج - نظام الشركة الأساس الذي أقرته الجمعية التأسيسية.

المادة (٦٥) الخامسة والستون:

تصدر الوزارة قراراً بإعلان تأسيس الشركة، بعد التحقق من استكمال جميع المتطلبات التي نص عليها النظام لتأسيس شركة المساهمة. ويشهر القرار في موقع الوزارة الإلكتروني.

على أعضاء مجلس الإدارة خلال خمسة عشر يوماً من تاريخ صدور القرار المشار إليه في الفقرة (١) من هذه المادة أن يطلبوا قيد الشركة في السجل التجاري، على أن يشتمل هذا القيد على البيانات الآتية:

أ ـ اسم الشركة وغرضها ومركزها الرئيس ومدتها.

ب ـ أسماء المؤسسين وأماكن إقامتهم ومهنهم وجنسياتهم.

ج ـ نوع الأسهم وقيمتها وعددها ومقدار رأس المال المدفوع.

د ـ رقم قرار الوزارة المرخص بتأسيس الشركة وتاريخه.

هـ ـ رقم قرار الوزارة بإعلان تأسيس الشركة وتاريخه.

المادة (٦٦) السادسة والستون:

تعد الشركة مؤسسة تأسيساً صحيحاً بعد شهر قرار الوزارة بإعلان تأسيسها وقيدها في السجل التجاري، ولا تسمع بعد ذلك الدعوى ببطلان الشركة لأي مخالفة لأحكام النظام أو لأحكام عقد تأسيس الشركة أو نظامها الأساس.

يترتب على شهر قرار إعلان تأسيس الشركة وقيدها في السجل التجاري انتقال جميع التصرفات التي أجراها المؤسسون لحسابها إلى ذمتها، وتحمل الشركة جميع المصاريف التي أنفقها المؤسسون على تأسيسها.

المادة (٦٧) السابعة والستون:

إذا لم تؤسس الشركة على النحو المبين في النظام، فللمكتتبين أن يستردوا المبالغ التي دفعوها،

وعلى البنوك التي أكتتب فيها أن ترد بصورة عاجلة لكل مكتتب المبلغ الذي دفعه، ويكون المؤسسون مسؤولين بالتضامن عن الوفاء بهذا الالتزام وعن التعويض عند الاقتضاء. وكذلك يتحمل

المؤسسون جميع المصاريف التي أنفقت في تأسيس الشركة، ويكونون مسؤولين بالتضامن في مواجهة الغير عن الأفعال والتصرفات التي صدرت منهم خلال فترة التأسيس.

الفصل الثالث: إدارة شركة المساهمة

أ. الفرع الأول: مجلس الإدارة

المادة (٦٨) الثامنة والستون:

يدير شركة المساهمة مجلس إدارة يحدد نظام الشركة الأساس عدد أعضائه، على ألا يقل عن ثلاثة ولا يزيد على أحد عشر.

٢ - يحق لكل مساهم ترشيح نفسه أو شخص آخر أو أكثر لعضوية مجلس الإدارة، وذلك في حدود نسبة ملكيته في رأس المال.

٣ - تنتخب الجمعية العامة العادية أعضاء مجلس الإدارة للمدة المنصوص عليها في نظام الشركة الأساس، بشرط ألا تتجاوز ثلاث سنوات. ويجوز إعادة انتخاب أعضاء مجلس الإدارة ما لم ينص نظام الشركة الأساس على غير ذلك. ويبين نظام الشركة الأساس كيفية انتهاء عضوية المجلس

أو إنهائها بطلب من مجلس الإدارة. ومع ذلك يجوز للجمعية العامة العادية في كل وقت عزل

جميع أعضاء مجلس الإدارة أو بعضهم ولو نص نظام الشركة الأساس على غير ذلك، وذلك دون إخلال بحق العضو المعزول تجاه الشركة بالمطالبة بالتعويض إذا وقع العزل لسبب غير مقبول أو في وقت غير مناسب. ولعضو مجلس الإدارة أن يعتزل، بشرط أن يكون ذلك في وقت مناسب؛ وإلا كان مسؤولاً قِبَل الشركة عما يترتب على الاعتزال من أضرار.

المادة (٦٩) التاسعة والستون:

إذا قدم رئيس وأعضاء مجلس إدارة شركة المساهمة استقالاتهم، أو إذا لم تتمكن الجمعية العامة

من انتخاب مجلس إدارة للشركة، فعلى الوزير، أو مجلس الهيئة في الشركات المدرجة في السوق المالية، تشكيل لجنة مؤقتة من ذوي الخبرة والاختصاص بالعدد الذي يراه مناسباً، ويعين لها رئيساً ونائباً له من بين أعضائها، لتتولى الإشراف على إدارة الشركة، ودعوة الجمعية العامة للاجتماع خلال مدة لا تزيد على ثلاثة أشهر من تاريخ تشكيل اللجنة المذكورة؛ لانتخاب مجلس إدارة جديد للشركة. ويمنح رئيس اللجنة وأعضاؤها مكافآت على حساب الشركة، وفقاً لما يقرره الوزير أو مجلس الهيئة بحسب الأحوال.

المادة (٧٠) السبعون:

ما لم ينص نظام الشركة الأساس على غير ذلك، إذا شغر مركز أحد أعضاء مجلس الإدارة،

كان للمجلس أن يعين مؤقتاً عضواً في المركز الشاغر بحسب الترتيب في الحصول على الأصوات، على أن يكون ممن تتوافر فيهم الخبرة والكفاية، ويجب أن تبلغ بذلك الوزارة، وكذلك

الهيئة إذا كانت الشركة مدرجة في السوق المالية، خلال خمسة أيام عمل من تاريخ التعيين، وأن

يعرض التعيين على الجمعية العامة العادية في أول اجتماع لها، ويكمل العضو الجديد مدة سلفه.

• إذا لم تتوافر الشروط اللازمة لانعقاد مجلس الإدارة بسبب نقص عدد أعضائه عن الحد الأدنى

المنصوص عليه في النظام أو في نظام الشركة الأساس، وجب على بقية الأعضاء دعوة الجمعية

العامة العادية للانعقاد خلال ستين يوماً؛ لانتخاب العدد اللازم من الأعضاء.

المادة (٧١) الحادية والسبعون:

لا يجوز أن يكون لعضو مجلس الإدارة أي مصلحة مباشرة أو غير مباشرة في الأعمال والعقود التي تتم لحساب الشركة إلا بترخيص مسبق من الجمعية العامة العادية يجدد كل سنة. وعلى عضو مجلس الإدارة أن يبلغ المجلس بما له من مصلحة مباشرة أو غير مباشرة في الأعمال والعقود التي تتم لحساب الشركة، ويثبت هذا التبليغ في محضر الاجتماع. ولا يجوز لهذا العضو الاشتراك في التصويت على القرار الذي يصدر في هذا الشأن في مجلس الإدارة وجمعيات المساهمين. ويبلغ رئيس مجلس الإدارة الجمعية العامة العادية عند انعقادها عن الأعمال والعقود التي يكون لأحد أعضاء المجلس مصلحة مباشرة أو غير مباشرة فيها، ويرافق التبليغ تقرير خاص من مراجع حسابات الشركة الخارجي.

إذا تخلف عضو المجلس عن الإفصاح عن مصلحته المشار إليها في الفقرة (١) من هذه المادة، جاز للشركة أو لكل ذي مصلحة المطالبة أمام الجهة القضائية المختصة بإبطال العقد أو إلزام العضو بأداء أي ربح أو منفعة تحققت له من ذلك.

المادة (٧٢) الثانية والسبعون:

لا يجوز لعضو مجلس الإدارة أن يشترك في أي عمل من شأنه منافسة الشركة، أو أن ينافس

الشركة في أحد فروع النشاط الذي تزاوله؛ وإلا كان للشركة أن تطالبه أمام الجهة القضائية المختصة بالتعويض المناسب، ما لم يكن حاصلاً على ترخيص سابق من الجمعية العامة العادية يجدد كل سنة يسمح له القيام بذلك.

المادة (٧٣) الثالثة والسبعون:

لا يجوز لشركة المساهمة أن تقدم قرضاً من أي نوع إلى أي من أعضاء مجلس إدارتها أو المساهمين فيها، أو أن تضمن أي قرض يعقده أي منهم مع الغير.

تستثنى من حكم الفقرة (١) من هذه المادة البنوك وغيرها من شركات الائتمان، إذ يجوز لها في حدود أغراضها وبالأوضاع والشروط التي تتبعها في معاملاتها مع الجمهور أن تقرض أحد أعضاء مجلس إدارتها أو أحد المساهمين فيها أو أن تفتح له اعتماداً أو أن تضمنه في القروض التي يعقدها مع الغير.

٣ ـ تستثنى أيضاً من حكم الفقرة (١) من هذه المادة القروض والضمانات التي تمنحها الشركة وفق برامج تحفيز العاملين فيها التي تمت الموافقة عليها وفق أحكام نظام الشركة الأساس أو بقرار من الجمعية العامة العادية.

٤ ـ يعد باطلاً كل عقد يتم بالمخالفة لأحكام هذه المادة، ويحق للشركة مطالبة المخالف أمام الجهة القضائية المختصة بتعويض ما قد يلحقها من ضرر.

المادة (٧٤) الرابعة والسبعون:

لا يجوز لأعضاء مجلس الإدارة أن يفشوا في غير اجتماعات الجمعية العامة ما وقفوا عليه من

أسرار الشركة. ولا يجوز لهم استغلال ما يعلمون به بحكم عضويتهم في تحقيق مصلحة لهم أو

لأحد أقاربهم أو للغير؛ وإلا وجب عزلهم ومطالبتهم بالتعويض.

المادة (٧٥) الخامسة والسبعون:

مع مراعاة الاختصاصات المقررة للجمعية العامة، يكون لمجلس الإدارة أوسع السلطات في إدارة الشركة بما يحقق أغراضها، وذلك فيما عدا ما استثني بنص خاص في النظام أو نظام الشركة الأساس من أعمال أو

تصرفات تدخل في اختصاص الجمعية العامة، ويكون للمجلس أيضاً في حدود اختصاصه أن يفوض واحداً أو أكثر من أعضائه أو من الغير في مباشرة عمل أو أعمال معينة.

يجوز لمجلس الإدارة عقد القروض أيًّا كانت مدتها، أو بيع أصول الشركة أو رهنها، أو بيع محل الشركة التجاري أو رهنه، أو إبراء ذمة مديني الشركة من التزاماتهم، ما لم يتضمن نظام الشركة الأساس أو يصدر من الجمعية العامة العادية ما يقيد صلاحيات مجلس الإدارة في ذلك.

المادة (٧٦) السادسة والسبعون:

يبين نظام الشركة الأساس طريقة مكافأة أعضاء مجلس الإدارة، ويجوز أن تكون هذه المكافأة مبلغاً معيناً أو بدل حضور عن الجلسات أو مزايا عينية أو نسبة معينة من صافي الأرباح، ويجوز الجمع بين اثنتين أو أكثر من هذه المزايا.

إذا كانت المكافأة نسبة معينة من أرباح الشركة، فلا يجوز أن تزيد هذه النسبة على (١٠%) من صافي الأرباح، وذلك بعد خصم الاحتياطيات التي قررتها الجمعية العامة تطبيقاً لأحكام النظام ونظام الشركة الأساس، وبعد توزيع ربح على المساهمين لا يقل عن (5%) من رأس مال الشركة المدفوع، على أن يكون استحقاق هذه المكافأة متناسباً مع عدد الجلسات التي يحضرها العضو، وكل تقدير يخالف ذلك يكون باطلاً.

٣ - في جميع الأحوال؛ لا يتجاوز مجموع ما يحصل عليه عضو مجلس الإدارة من مكافآت ومزايا مالية أو عينية مبلغ خمسمائة ألف ريال سنوياً، وفق الضوابط التي تضعها الجهة المختصة.

٤ - يجب أن يشتمل تقرير مجلس الإدارة إلى الجمعية العامة العادية على بيان شامل لكل ما حصل عليه أعضاء مجلس الإدارة خلال السنة المالية من مكافآت وبدل مصروفات وغير ذلك من المزايا. وأن يشتمل كذلك على بيان ما قبضه أعضاء المجلس بوصفهم عاملين أو إداريين أو ما قبضوه نظير أعمال فنية أو إدارية أو استشارات. وأن يشتمل أيضاً على بيان بعدد جلسات المجلس وعدد الجلسات التي حضرها كل عضو من تاريخ آخر اجتماع للجمعية العامة.

٥ـ يجوز للجمعية العامة بناءً على توصية من المجلس إنهاء عضوية من تغيب من الأعضاء عن حضور ثلاثة اجتماعات متتالية للمجلس دون عذر مشروع.

المادة (٧٧) السابعة والسبعون:

تلتزم الشركة بجميع الأعمال والتصرفات التي يجريها مجلس الإدارة ولو كانت خارج اختصاصاته، ما لم يكن صاحب المصلحة سيّء النية أو يعلم أن تلك الأعمال خارج اختصاصات المجلس.

المادة (٧٨) الثامنة والسبعون:

يكون أعضاء مجلس الإدارة مسؤولين بالتضامن عن تعويض الشركة أو المساهمين أو الغير

عن الضرر الذي ينشأ عن إساءتهم تدبير شؤون الشركة أو مخالفتهم أحكام النظام أو نظام

الشركة الأساس، وكل شرط يقضي بغير ذلك يعد كأن لم يكن. وتقع المسؤولية على جميع

أعضاء مجلس الإدارة إذا نشأ الخطأ من قرار صدر بإجماعهم. أما القرارات التي تصدر بأغلبية

الآراء، فلا يسأل عنها الأعضاء المعارضون متى أثبتوا اعتراضهم صراحة في محضر الاجتماع. ولا يعد الغياب عن حضور الاجتماع الذي يصدر فيه القرار سبباً للإعفاء من المسؤولية إلا إذا ثبت عدم علم العضو الغائب بالقرار أو عدم تمكنه من الاعتراض عليه بعد علمه به.

لا تحول دون إقامة دعوى المسؤولية موافقة الجمعية العامة العادية على إبراء ذمة أعضاء مجلس الإدارة.

لا تسمع دعوى المسؤولية بعد انقضاء ثلاث سنوات من تاريخ اكتشاف الفعل الضار. وفيما عدا حالتي الغش والتزوير، لا تسمع دعوى المسؤولية في جميع الأحوال بعد مرور خمس سنوات من تاريخ انتهاء السنة المالية التي وقع فيها الفعل الضار أو ثلاث سنوات من انتهاء عضوية عضو مجلس الإدارة المعني أيهما أبعد.

المادة (٧٩) التاسعة والسبعون:

للشركة أن ترفع دعوى المسؤولية على أعضاء مجلس الإدارة بسبب الأخطاء التي تنشأ منها أضرار لمجموع المساهمين. وتقرر الجمعية العامة العادية رفع هذه الدعوى وتعين من ينوب عن الشركة في مباشرتها. وإذا حكم بشهر إفلاس الشركة كان رفع الدعوى المذكورة من اختصاص ممثل التفليسة. وإذا

انقضت الشركة تولى المصفى مباشرة الدعوى بعد الحصول على موافقة الجمعية العامة العادية.

المادة (٨٠) الثمانون:

لكل مساهم الحق في رفع دعوى المسؤولية المقررة للشركة على أعضاء مجلس الإدارة إذا كان من شأن الخطأ الذي صدر منهم إلحاق ضرر خاص به. ولا يجوز للمساهم رفع الدعوى المذكورة إلا إذا كان حق الشركة في رفعها لا يزال قائماً. ويجب على المساهم أن يبلغ الشركة بعزمه على رفع الدعوى، مع قصر حقه على المطالبة بالتعويض عن الضرر الخاص الذي لحق به.

المادة (٨١) الحادية والثمانون:

مع مراعاة أحكام نظام الشركة الأساس، يعين مجلس الإدارة من بين أعضائه رئيساً ونائباً للرئيس، ويجوز أن يعين عضواً منتدباً، ولا يجوز الجمع بين منصب رئيس مجلس الإدارة وأي منصب تنفيذي بالشركة. ويبين نظام الشركة الأساس اختصاصات رئيس المجلس والعضو المنتدب والمكافأة الخاصة التي يحصل عليها كل منهما، بالإضافة إلى المكافأة المقررة لأعضاء المجلس.

إذا خلا نظام الشركة الأساس من الأحكام المنصوص عليها في الفقرة (١) من هذه المادة، تولى مجلس الإدارة توزيع الاختصاصات وتحديد المكافأة الخاصة.

٣ - يعين مجلس الإدارة أمين سر يختاره من بين أعضائه أو من غيرهم، ويحدد اختصاصاته ومكافأته إذا لم يتضمن نظام الشركة الأساس أحكاماً في هذا الشأن.

٤- لا تزيد مدة رئيس المجلس ونائبه والعضو المنتدب وأمين السر عضو مجلس الإدارة على مدة عضوية كل منهم في المجلس، ويجوز إعادة انتخابهم ما لم ينص نظام الشركة الأساس على غير ذلك. وللمجلس في أيّ وقت أن يعزلهم أو أيًّا منهم دون إخلال بحق من عزل في التعويض إذا وقع العزل لسبب غير مشروع أو في وقت غير مناسب.

المادة (٨٢) الثانية والثمانون:

يمثل رئيس مجلس الإدارة الشركة أمام القضاء وهيئات التحكيم والغير. ولرئيس المجلس بقرار مكتوب أن يفوض بعض صلاحياته إلى غيره من أعضاء المجلس أو من الغير في مباشرة عمل أو أعمال محددة.

يحل نائب رئيس مجلس الإدارة محل رئيس مجلس الإدارة عند غيابه.

المادة (٨٣) الثالثة والثمانون:

يجتمع مجلس الإدارة مرتين على الأقل في السنة بدعوة من رئيسه وفقاً للأوضاع المنصوص عليها في نظام الشركة الأساس. ومع ذلك وبصرف النظر عن أي نص مخالف في نظام الشركة الأساس، يجب على رئيس المجلس أن يدعوه إلى الاجتماع متى طلب إليه ذلك اثنان من الأعضاء.

لا يكون اجتماع المجلس صحيحاً إلا إذا حضره نصف الأعضاء على الأقل، بشرط ألا يقل عدد الحاضرين عن ثلاثة، ما لم ينص نظام الشركة الأساس على نسبة أو عدد أكبر.

٣ ـ لا يجوز لعضو مجلس الإدارة أن ينيب عنه غيره في حضور الاجتماع. واستثناء من ذلك، يجوز لعضو مجلس الإدارة أن ينيب عنه غيره من الأعضاء إذا نص على ذلك نظام الشركة الأساس.

٤ـ تصدر قرارات المجلس بأغلبية آراء الأعضاء الحاضرين أو الممثلين فيه، وعند تساوي الآراء يرجح الجانب الذي صوت معه رئيس الجلسة، وذلك ما لم ينص نظام الشركة الأساس على غير ذلك.

المادة (٨٤) الرابعة والثمانون:

لمجلس الإدارة أن يصدر قرارات في الأمور العاجلة بعرضها على الأعضاء متفرقين، ما لم يطلب أحد الأعضاء كتابة اجتماع المجلس للمداولة فيها. وتعرض هذه القرارات على المجلس في أول اجتماع تالٍ له.

المادة (٨٥) الخامسة والثمانون:

تُثبت مداولات مجلس الإدارة وقراراته في محاضر يوقعها رئيس الجلسة وأعضاء مجلس الإدارة

الحاضرون وأمين السر. وتدون هذه المحاضر في سجل خاص يوقعه رئيس مجلس الإدارة وأمين السر.

ب. الفرع الثاني: جمعيات المساهمين

المادة (٨٦) السادسة والثمانون:

يرأس اجتماعات الجمعيات العامة للمساهمين رئيس مجلس الإدارة أو نائبه عند غيابه أو من ينتدبه مجلس الإدارة من بين أعضائه لذلك في حال غياب رئيس مجلس الإدارة ونائبه.

لكل مساهم حق حضور الجمعيات العامة للمساهمين ولو نص نظام الشركة الأساس على غير ذلك، وله في ذلك أن يوكل عنه شخصاً آخر من غير أعضاء مجلس الإدارة أو عاملي الشركة في حضور الجمعية العامة.

يجوز عقد اجتماعات الجمعيات العامة للمساهمين واشتراك المساهم في مداولاتها والتصويت على قراراتها بواسطة وسائل التقنية الحديثة، بحسب الضوابط التي تضعها الجهة المختصة.

٤ - يجوز للوزارة، وكذلك للهيئة في الشركات المدرجة في السوق المالية، أن توفد مندوباً (أو أكثر) بوصفه مراقباً لحضور الجمعيات العامة للشركات، للتأكد من تطبيق أحكام النظام.

المادة (٨٧) السابعة والثمانون:

فيما عدا الأمور التي تختص بها الجمعية العامة غير العادية، تختص الجمعية العامة العادية بجميع الأمور المتعلقة بالشركة، وتنعقد مرة على الأقل في السنة خلال الأشهر الستة التالية لانتهاء السنة المالية للشركة، ويجوز دعوة جمعيات عامة عادية أخرى كلما دعت الحاجة إلى ذلك.

المادة (٨٨) الثامنة والثمانون:

تختص الجمعية العامة غير العادية بتعديل نظام الشركة الأساس، إلا ما يتعلق بالأمور الآتية:

حرمان المساهم أو تعديل أي من حقوقه الأساسية التي يستمدها بصفته شريكاً، وبخاصة ما يلي:

الحصول على نصيب من الأرباح التي يتقرر توزيعها، سواء أكان التوزيع نقداً أم من خلال إصدار أسهم مجانية لغير عاملي الشركة والشركات التابعة لها.

الحصول على نصيب من موجودات الشركة عند التصفية.

حضور جمعيات المساهمين العامة أو الخاصة، والاشتراك في مداولاتها، والتصويت على قراراتها.

٤ ـ التصرف في أسهمه وفق أحكام النظام.

٥ ـ طلب الاطلاع على دفاتر الشركة ووثائقها، ومراقبة أعمال مجلس الإدارة، ورفع دعوى ـ

المسؤولية على أعضاء مجلس الإدارة، والطعن ببطلان قرارات جمعيات المساهمين العامة

والخاصة.

٦ـ أولوية الاكتتاب بالأسهم الجديدة التي تصدر مقابل حصص نقدية، ما لم ينص النظام الأساس على غير ذلك.

ب ـ التعديلات التي من شَأْنِها زيادة الأعباء المالية للمساهمين، ما لم يوافق على ذلك جميع المساهمين.

ج ـ نقل مركز الشركة الرئيس إلى خارج المملكة.

د ـ تغيير جنسية الشركة. ـ

للجمعية العامة غير العادية فضلاً عن الاختصاصات المقررة لها أن تصدر قرارات في الأمور الداخلة أصلاً في اختصاصات الجمعية العامة العادية، وذلك بالشروط والأوضاع نفسها المقررة للجمعية العامة العادية.

المادة (٨٩) التاسعة والثمانون:

إذا كان من شأن قرار الجمعية العامة العادية تعديل حقوق فئة معينة من المساهمين، فلا يكون

القرار المذكور نافذاً إلا إذا صدق عليه من له حق التصويت من هؤلاء المساهمين المجتمعين في جمعية خاصة بهم وفقاً للأحكام المقررة للجمعية العامة غير العادية.

المادة (٩٠) التسعون:

تنعقد الجمعيات العامة أو الخاصة للمساهمين بدعوة من مجلس الإدارة، وفقاً للأوضاع المنصوص عليها في نظام الشركة الأساس. وعلى مجلس الإدارة أن يدعو الجمعية العامة العادية للانعقاد إذا طلب ذلك مراجع الحسابات أو لجنة المراجعة أو عدد من المساهمين يمثل (٥%) من رأس المال على الأقل. ويجوز لمراجع الحسابات دعوة الجمعية للانعقاد إذا لم يقم المجلس بدعوة الجمعية خلال ثلاثين يوماً من تاريخ طلب مراجع الحسابات.

يجوز بقرار من الجهة المختصة دعوة الجمعية العامة العادية للانعقاد في الحالات الآتية: -

إذا انقضت المدة المحددة للانعقاد المنصوص عليها في المادة (السابعة والثمانين) من النظام دون انعقادها.

ب - إذا نقص عدد أعضاء مجلس الإدارة عن الحد الأدنى لصحة انعقاده، مع مراعاة ما ورد في المادة (التاسعة والستين) من النظام.

ج - إذا تبين وجود مخالفات لأحكام النظام أو نظام الشركة الأساس، أو وقوع خلل في إدارة -

الشركة.

د - إذا لم يوجه المجلس الدعوة لانعقاد الجمعية العامة خلال خمسة عشر يوماً من تاريخ طلب مراجع الحسابات أو لجنة المراجعة أو عدد من المساهمين يمثل (٥%) من رأس المال على الأقل.

يجوز لعدد من المساهمين يمثل (٢ %) من رأس المال على الأقل تقديم طلب إلى الجهة المختصة لدعوة الجمعية العامة العادية للانعقاد، إذا توافر أي من الحالات المنصوص عليها في الفقرة (٢) من هذه المادة. وعلى الجهة المختصة توجيه الدعوة للانعقاد خلال ثلاثين يوماً من تاريخ تقديم طلب المساهمين، على أن تتضمن الدعوة جدولاً بأعمال الجمعية والبنود المطلوب أن يوافق عليها المساهمون.

المادة (٩١) الحادية والتسعون:

تنشر الدعوة لإنْعِقاد الجمعية العامة في صحيفة يومية توزع في المنطقة التي فيها مركز الشركة الرئيس قبل المِيعَاد المحدد للانعقاد بعشرة أيام على الأقل. ومع ذلك يجوز الإكْتِفَاء بتوجيه الدعوة في الميعاد المذكور إلى جميع المساهمين بخطابات مسجلة. وترسل صورة من الدعوة وجدول الأعمال إلى الوزارة، وكذلك ترسل صورة إلى الهيئة إذا كانت الشركة مدرجة في السوق المالية، وذلك خلال المدة المحددة للنشر.

المادة (٩٢) الثانية والتسعون:

يسجل المساهمون الذين يرغبون في حضور الجمعية العامة أو الخاصة أسماءهم في مركز

الشركة الرئيس قبل الوقت المحدد لانعقاد الجمعية، ما لم ينص نظام الشركة الأساس على مكان

ووسيلة أخرى.

المادة (٩٣) الثالثة والتسعون:

لا يكون انعقاد اجتماع الجمعية العامة العادية صحيحاً إلا إذا حضره مساهمون يمثلون ربع رأس مال الشركة على الأقل، ما لم ينص نظام الشركة الأساس على نسبة أعلى، بشرط ألا تتجاوز النصف.

إذا لم يتوافر النصاب اللازم لعقد اجتماع الجمعية العامة العادية وفق الفقرة (١) من هذه المادة، وجهت الدعوة إلى اجتماع ثان يعقد خلال الثلاثين يوما التالية للاجتماع السابق وتنشر هذه الدعوة بالطريقة المنصوص عليها في المادة (الحادية والتسعين) من النظام. ومع ذلك، يجوز أن يعقد الاجتماع الثاني بعد ساعة من انتهاء المدة المحددة لانعقاد الاجتماع الأول، بشرط أن يجيز ذلك النظام الأساس للشركة، وأن تتضمن الدعوة لعقد الاجتماع الأول ما يفيد الإعلان عن إمكانية عقد هذا الاجتماع. وفي جميع الأحوال، يكون الاجتماع الثاني صحيحا أياً كان عدد الأسهم الممثلة فيه.

تصدر قرارات الجمعية العامة العادية بالأغلبية المطلقة للأسهم الممثلة في الاجتماع، ما لم ينص نظام الشركة الأساس على نسبة أعلى.

المادة (٩٤) الرابعة والتسعون:

لا يكون اجتماع الجمعية العامة غير العادية صحيحاً إلا إذا حضره مساهمون يمثلون نصف رأس المال على الأقل ما لم ينص نظام الشركة الأساس على نسبة أعلى، بشرط ألا تتجاوز الثلثين.

إذا لم يتوافر النصاب اللازم لعقد اجتماع الجمعية العامة غير العادية وفق الفقرة (١) من هذه المادة، وجهت الدعوة إلى اجتماع ثان يعقد بنفس الأوضاع المنصوص عليها في المادة (الحادية والتسعين) من النظام. ومع ذلك يجوز أن يعقد الاجتماع الثاني بعد ساعة من انتهاء المدة المحددة لانعقاد الاجتماع الأول، بشرط أن تتضمن الدعوة لعقد الاجتماع الأول ما يفيد الإعلان عن إمكانية عقد هذا الاجتماع. وفي جميع الأحوال، يكون الاجتماع الثاني صحيحا إذا حضره عدد من المساهمين يمثل ربع رأس المال على الأقل.

٣ - إذا لم يتوافر النصاب اللازم في الاجتماع الثاني، وجهت دعوة إلى اجتماع ثالث ينعقد بالأوضاع نفسها المنصوص عليها في المادة (الحادية

والتسعين) من النظام، ويكون الاجتماع الثالث صحيحاً أيًّا كان عدد الأسهم الممثلة فيه، بعد موافقة الجهة المختصة.

٤ تصدر قرارات الجمعية العامة غير العادية بأغلبية ثلثي الأسهم الممثلة في الاجتماع، إلا إذا كان قراراً متعلقاً بزيادة رأس المال أو تخفيضه أو بإطالة مدة الشركة أو بحلها قبل انقضاء المدة المحددة في نظامها الأساس أو باندماجها مع شركة أخرى، فلا يكون صحيحاً إلا إذا صدر بأغلبية ثلاثة أرباع الأسهم الممثلة في الاجتماع

٥ ـ على مجلس الإدارة أن يشهر وفقاً لأحكام المادة (الخامسة والستين) من النظام قرارات الجمعية

العامة غير العادية إذا تضمنت تعديل نظام الشركة الأساس.

المادة (٩٥) الخامسة والتسعون:

يبين نظام الشركة الأساس طريقة التصويت في جمعيات المساهمين. ويجب استخدام التصويت التراكمي في انتخاب مجلس الإدارة، بحيث لا يجوز استخدام حق التصويت للسهم أكثر من مرة واحدة.

لا يجوز لأعضاء مجلس الإدارة الاشتراك في التصويت على قرارات الجمعية التي تتعلق بإبراء ذممهم من المسؤولية عن إدارة الشركة أو التي تتعلق بمصلحة مباشرة أو غير مباشرة لهم.

المادة (٩٦) السادسة والتسعون:

لكل مساهم حق مناقشة الموضوعات المدرجة في جدول أعمال الجمعية وتوجيه الأسئلة في شأنها إلى أعضاء مجلس الإدارة ومراجع الحسابات. وكل نص في نظام الشركة الأساس يحرم المساهم من هذا الحق، يكون باطلاً. ويجيب مجلس الإدارة أو مراجع الحسابات عن أسئلة المساهمين بالقدر الذي لا يعرض مصلحة الشركة للضرر. وإذا رأى المساهم أن الرد على سؤاله غير مقنع، احتكم إلى الجمعية، وكان قرارها في هذا الشأن نافذاً.

المادة (٩٧) السابعة والتسعون:

يحرر باجتماع الجمعية محضر يتضمن عدد المساهمين الحاضرين أو الممثلين وعدد الأسهم التي في حيازتهم بالأصالة أو الوكالة وعدد الأصوات المقررة لها والقرارات التي اتخذت وعدد الأصوات التي وافقت عليها أو خالفتها وخلاصة وافية للمناقشات التي دارت في الاجتماع. وتدون المحاضر

بصفة منتظمة عقب كل اجتماع في سجل خاص يوقعه رئيس الجمعية وأمين سرها وجامع الأصوات.

المادة (٩٨) الثامنة والتسعون:

الاكتتاب في الأسهم أو تملكها يفيد قبول المساهم بنظام الشركة الأساس والتزامه بالقرارات التي

تصدرها جمعيات المساهمين وفقاً لأحكام النظام ونظام الشركة الأساس، سواء أكان حاضراً أم غائباً، وسواء أكان موافقاً على هذه القرارات أم مخالفاً لها.

المادة (٩٩) التاسعة والتسعون:

مع عدم الإخلال بحقوق الغير حسن النية، يكون باطلاً كل قرار تصدره جمعيات المساهمين

بالمخالفة لأحكام النظام أو نظام الشركة الأساس. ولكل مساهم اعترض على القرار المخالف في

اجتماع جمعية المساهمين التي أصدرت هذا القرار أو تغيب عن حضور هذا الاجتماع بعذر مقبول أن يطلب إبطال القرار. ويترتب على الحكم بالبطلان اعتبار القرار كأن لم يكن بالنسبة إلى جميع المساهمين، ولا تسمع دعوى البطلان بعد انقضاء سنة من تاريخ صدور القرار المذكور.

المادة (١٠٠) المائة:

للمساهمين الذين يمثلون (٥%)على الأقل من رأس المال أن يطلبوا من الجهة القضائية المختصة الأمر بالتفتيش على الشركة إذا تبين لهم من تصرفات أعضاء مجلس الإدارة أو مراجع الحسابات في شؤون الشركة ما يدعو إلى الريبة.

للجهة القضائية المختصة أن تأمر بإجراء التفتيش على نفقة الشاكين، وذلك بعد سماع أقوال

أعضاء مجلس الإدارة ومراجع الحسابات في جلسة خاصة، ولها عند الاقتضاء أن تفرض على الشاكين تقديم ضمان.

٣ ـ إذا ثبت للجهة القضائية المختصة صحة الشكوى، جاز لها أن تأمر بما تراه من إجراءات تحفظية، وأن تدعو الجمعية العامة لاتخاذ القرارات اللازمة. ويجوز لها كذلك أن تعزل أعضاء مجلس الإدارة ومراجع الحسابات، وأن تعين مديراً مؤقتاً تحدد سلطته ومدة عمله.

الفصل الرابع: لجنة المراجعة

المادة (١٠١) الأولى بعد المائة:

تشكل بقرار من الجمعية العامة العادية في شركات المساهمة لجنة مراجعة من غير أعضاء مجلس الإدارة التنفيذيين سواء من المساهمين أو من غيرهم، على ألا يقل عدد أعضائها عن ثلاثة ولا يزيد لي خمسة، وأن تحدد في القرار مهمات اللجنة وضوابط عملها، ومكافآت أعضائها.

المادة (١٠٢) الثانية بعد المائة:

يشترط لصحة اجتماع لجنة المراجعة حضور أغلبية أعضائها، وتصدر قراراتها بأغلبية أصوات

الحاضرين، وعند تساوي الأصوات يرجح الجانب الذي صوت معه رئيس الاجتماع.

المادة (١٠٣) الثالثة بعد المائة:

تختص لجنة المراجعة بالمراقبة على أعمال الشركة، ولها في سبيل ذلك حق الاطلاع على

سجلاتها ووثائقها وطلب أي إيضاح أو بيان من أعضاء مجلس الإدارة أو الإدارة التنفيذية، ويجوز لها أن تطلب من مجلس الإدارة دعوة الجمعية العامة للشركة للانعقاد إذا أعاق مجلس الإدارة عملها أوتعرضت الشركة لأضرار أو خسائر جسيمة.

المادة (١٠٤) الرابعة بعد المائة:

على لجنة المراجعة النظر في القوائم المالية للشركة والتقارير والملحوظات التي يقدمها مراجع

الحسابات، وإبداء مرئياتها حيالها إن وجدت، وعليها كذلك إعداد تقرير عن رأيها في شان مدى كفاية نظام الرقابة الداخلية في الشركة وعما قامت به من

أعمال أخرى تدخل في نطاق اختصاصها. وعلى مجلس الإدارة أن يودع نسخاً كافية من هذا التقرير في مركز الشركة الرئيس قبل موعد انعقاد الجمعية العامة بعشرة أيام على الأقل؛ لتزويد كل من رغب من المساهمين بنسخة منه. ويتلى التقرير أثناء انعقاد الجمعية.

الفصل الخامس: الصكوك التي تصدرها شركة المساهمة

ج. الفرع الأول: الأسهم

المادة (١٠٥) الخامسة بعد المائة:

١ - تكون أسهم شركة المساهمة اسمية وغير قابلة للتجزئة في مواجهة الشركة، فإذا ملك السهم ـ أشخاص متعددون وجب عليهم أن يختاروا أحدهم لينوب عنهم في استعمال الحقوق المتعلقة به، ويكون هؤلاء الأشخاص مسؤولين بالتضامن عن الالتزامات الناشئة من ملكية السهم.

٢ ـ تكون القيمة الاسمية للسهم عشرة ريالات، وللوزير تعديل هذه القيمة بعد الاتفاق مع الرئيس.

٣ ـ لا يجوز أن تصدر الأسهم بأقل من قيمتها الاسمية، وإنما يجوز أن تصدر بأعلى من هذه القيمة إذا نص نظام الشركة الأساس على ذلك أو وافقت عليه الجمعية العامة، وفي هذه الحالة يوضع فرق القيمة في بند مستقل ضمن حقوق المساهمين، ولا يجوز توزيعها كأرباح على المساهمين.

٤ ـ تسري الأحكام السابقة على الشهادات المؤقتة التي تسلم إلى المساهمين قبل إصدار الأسهم.

المادة (١٠٦) السادسة بعد المائة:

تصدر أسهم الشركة مقابل حصص نقدية أو عينية.

٢ ـ يجب ألا يقل المدفوع من قيمة الأسهم التي تصدر مقابل حصص نقدية عن ربع قيمتها الاسمية، ويبين في صك السهم مقدار ما دفع من قيمته. وفي جميع الأحوال يجب أن يدفع باقي هذه القيمة خلال خمس سنوات من تاريخ إصدار الأسهم.

٣ ـ تصدر الأسهم التي تمثل حصصاً عينية بعد الوفاء بقيمتها كاملة، ولا تسلم إلى أصحابها إلا بعد نقل ملكية هذه الحصص كاملة إلى الشركة.

المادة (١٠٧) السابعة بعد المائة:

لا يجوز تداول الأسهم التي يكتتب بها المؤسسون إلا بعد نشر القوائم المالية عن سنتين ماليتين لا تقل كل منهما عن اثني عشر شهراً من تاريخ تأسيس الشركة. ويؤشر على صكوك هذه الأسهم بما يدل على نوعها وتاريخ تأسيس الشركة والمدة التي يمنع فيها تداولها.

يجوز خلال مدة الحظر نقل ملكية الأسهم وفقاً لأحكام بيع الحقوق من أحد المؤسسين إلى مؤسس آخر أو من ورثة أحد المؤسسين في حالة وفاته إلى الغير أو في حالة التنفيذ على أموال المؤسس المعسر أو المفلس، على أن تكون أولوية امتلاك تلك الأسهم للمؤسسين الآخرين.

٣ـ تسري أحكام هذه المادة على ما يكتتب به المؤسسون في حالة زيادة رأس المال قبل انقضاء مدة الحظر.

٤ ـ للهيئة زيادة مدة الحظر المنصوص عليها في الفقرة (١) من هذه المادة أو إنقاصها، وذلك بالنسبة إلى الشركات التي ترغب في إدراج أسهمها في السوق المالية.

المادة (١٠٨) الثامنة بعد المائة:

يجوز أن ينص في نظام الشركة الأساس على قيود تتعلق بتداول الأسهم، بشرط ألا يكون من

شأنها الحظر المطلق لهذا التداول.

المادة (١٠٩) التاسعة بعد المائة:

تتداول أسهم الشركات غير المدرجة في السوق المالية بالقيد في سجل المساهمين الذي تعده أو تتعاقد على إعداده الشركة، الذي يتضمن أسماء المساهمين وجنسياتهم وأماكن إقامتهم ومهنهم وأرقام الأسهم والقدر المدفوع منها، ويؤشر في هذا القيد على السهم. ولا يعتد بنقل ملكية السهم الاسمي في مواجهة الشركة أو الغير إلا من تاريخ القيد في السجل المذكور.

تتداول أسهم الشركات المدرجة في السوق المالية وفقاً لأحكام نظام السوق المالية.

المادة (١١٠) العاشرة بعد المائة:

ترتب الأسهم حقوقاً والتزامات متساوية، وتثبت للمساهم جميع الحقوق المتصلة بالسهم، وعلى

وجه خاص الحق في الحصول على نصيب من صافي الأرباح التي يتقرر توزيعها، والحق في الحصول على نصيب من موجودات الشركة عند التصفية، وحق حضور جمعيات المساهمين، والاشتراك في مداولاتها، والتصويت على قراراتها، وحق التصرف في الأسهم، وحق طلب الاطلاع على دفاتر الشركة ووثائقها، ومراقبة أعمال مجلس الإدارة، ورفع دعوى المسؤولية على أعضاء المجلس، والطعن بالبطلان في قرار جمعيات المساهمين، وذلك بالشروط والقيود الواردة في النظام أو في نظام الشركة الأساس.

المادة (١١١) الحادية عشرة بعد المائة:

يجوز أن ينص في نظام الشركة الأساس على استهلاك الأسهم أثناء قيام الشركة، إذا كان -

مشروعاً يهلك تدريجياً أو يقوم على حقوق مؤقتة، ولا يكون استهلاك الأسهم إلا من الأرباح أو من الاحتياطي الذي يجوز التصرف فيه. ويكون الاستهلاك تباعاً بطريقة القرعة السنوية أو بأي طريقة أخرى تحقق المساواة بين المساهمين.

يكون الاستهلاك بشراء الشركة لأسهمها، بشرط أن يكون سعر الشراء أقل من القيمة الاسمية أو مساوياً لها، وتعدم الشركة الأسهم التي تحصل عليها بهذه الطريقة.

٣ - يمنح كل من استهلكت أسهمه وفقاً للفقرة (١) من هذه المادة أسهم تمتع. وتخصص نسبة مئوية من صافي الربح السنوي للأسهم التي لم تستهلك أكثر مما تحصل عليه أسهم التمتع، وذلك

وفقا لما يحدده نظام الشركة الأساس.

4-في حالة انقضاء الشركة يكون لأصحاب الأسهم التي لم تستهلك أولوية الحصول من موجودات الشركة على ما يعادل القيمة الاسمية لأسهمهم.

المادة (١١٢) الثانية عشرة بعد المائة:

١ - يجوز أن تشتري الشركة أسهمها أو ترهنها وفقاً لضوابط تضعها الجهة المختصة، ولا يكون للأسهم التي تشتريها الشركة أصوات في جمعيات المساهمين.

٢ - يجوز رهن الأسهم وفقاً لضوابط تضعها الجهة المختصة، ويكون للدائن المرتهن قبض الأرباح واستعمال الحقوق المتصلة بالسهم، ما لم يتفق في عقد

الرهن على غير ذلك. ولكن لا يجوز للدائن المرتهن حضور اجتماعات الجمعية العامة للمساهمين أو التصويت فيها.

المادة (١١٣) الثالثة عشرة بعد المائة:

يباشر المساهم حق التصويت في الجمعيات العامة أو الخاصة وفقاً لأحكام نظام الشركة الأساس، ويكون لكل سهم صوت في جمعيات المساهمين.

يجوز أن يحدد نظام الشركة الأساس حدًّا أقصى لعدد الأصوات التي تكون لمن يحوز عدة أسهم بالوكالة عن الغير.

المادة (١١٤) الرابعة عشرة بعد المائة:

يجوز للجمعية العامة غير العادية للشركة بناء على نص في نظام الشركة الأساس وطبقاً للأسس التي تضعها الجهة المختصة أن تصدر أسهماً ممتازة أو أن تقرر شراءها أو تحويل أسهم عادية إلى أسهم ممتازة أو تحويل الأسهم الممتازة إلى عادية. ولا تعطي الأسهم الممتازة الحق في التصويت في

الجمعيات العامة للمساهمين. وترتب هذه الأسهم لأصحابها الحق في الحصول على نسبة أكثر من أصحاب الأسهم العادية من الأرباح الصافية للشركة بعد تجنيب الاحتياطي النظامي.

المادة (١١٥) الخامسة عشرة بعد المائة:

إذا كانت هناك أسهم ممتازة، فلا يجوز إصدار أسهم جديدة تكون لها أولوية عليها، إلا بموافقة

جمعية خاصة مكونة وفقاً للمادة (التاسعة والثمانين) من النظام من أصحاب الأسهم الممتازة

الذين يضارون من هذا الإصدار، وبموافقة جمعية عامة مكونة من جميع فئات المساهمين، وذلك ما لم ينص نظام الشركة الأساس على غير ذلك. ويسري هذا الحكم أيضاً عند تعديل حقوق الأولوية المقررة للأسهم الممتازة في نظام الشركة الأساس أو إلغائها.

المادة (١١٦) السادسة عشرة بعد المائة:

إذا لم توزع أرباح عن أي سنة مالية، فإنه لا يجوز توزيع أرباح عن السنوات التالية إلا بعد دفع النسبة المحددة وفقاً لحكم المادة (الرابعة عشرة بعد المائة) من النظام لأصحاب الأسهم الممتازة عن هذه السنة.

إذا فشلت الشركة في دفع النسبة المحددة وفقاً لحكم المادة (الرابعة عشرة بعد المائة) من النظام من الأرباح مدة ثلاث سنوات متتالية، فإنه يجوز للجمعية الخاصة لأصحاب هذه الأسهم، المنعقدة طبقاً لأحكام المادة (التاسعة والثمانين) من النظام، أن تقرر إما حضورهم اجتماعات الجمعية العامة للشركة والمشاركة في التصويت، أو تعيين ممثلين عنهم في مجلس الإدارة بما يتناسب مع قيمة أسهمهم في رأس المال، وذلك إلى أن تتمكن الشركة من دفع كل أرباح الأولوية المخصصة لأصحاب هذه الأسهم عن السنوات السابقة.

المادة (١١٧) السابعة عشرة بعد المائة:

يلتزم المساهم بدفع قيمة السهم في المواعيد المعينة لذلك، وإذا تخلف عن الوفاء في ميعاد ـ

الاستحقاق، جاز لمجلس الإدارة بعد إعلامه بالطرق المقررة في نظام الشركة الأساس أو إبلاغه

بخطاب مسجل بيع السهم في المزاد العلني أو سوق الأوراق المالية بحسب الأحوال وفقاً

للضوابط التي تحددها الجهة المختصة.

تستوفي الشركة من حصيلة البيع المبالغ المستحقة لها وترد الباقي إلى صاحب السهم. وإذا لم تكف حصيلة البيع للوفاء بهذه المبالغ، جاز للشركة أن تستوفي الباقي من جميع أموال المساهم.

٣ـ يجوز للمساهم المتخلف عن الدفع إلى يوم البيع دفع القيمة المستحقة عليه مضافاً إليها المصروفات التي أنفقتها الشركة في هذا الشأن.

٤ـ تلغي الشركة السهم المبيع وفقاً لأحكام هذه المادة، وتعطي المشتري سهماً جديداً يحمل رقم السهم الملغى، وتؤشر في سجل الأسهم بوقوع البيع مع بيان اسم المالك الجديد.

المادة (١١٨) الثامنة عشرة بعد المائة:

لا يجوز للشركة أن تطالب المساهم بدفع مبالغ تزيد على مقدار ما التزم به عند إصدار السهم،

ولو نص نظام الشركة الأساس على غير ذلك. ولا يجوز للمساهم أن يطلب استرداد حصته في رأس مال الشركة. ولا يجوز للشركة إبراء ذمة المساهم

من الالتزام بدفع باقي قيمة السهم، ولا تقع المقاصة بين هذا الالتزام وما يكون للمساهم من حقوق على الشركة.

المادة (١١٩) التاسعة عشرة بعد المائة:

إذا فقدت شهادة الأسهم أو تلفت، فلمالكها أن يطلب من الشركة إصدار شهادة جديدة بدلاً من

الشهادة المفقودة أو التالفة. وعلى المالك أن ينشر رقم شهادة الأسهم المفقودة أو التالفة في صحيفة

يومية، فإن لم تقدم معارضة إلى الشركة خلال ثلاثين يوماً من تاريخ النشر، كان على الشركة إصدار شهادة جديدة يذكر فيها أنها بدل الشهادة المفقودة أو التالفة. وتخول هذه الشهادة لحاملها جميع

الحقوق وترتب عليه جميع الالتزامات المتصلة بالشهادة المفقودة أو التالفة.

المادة (١٢٠) العشرون بعد المائة:

على من يعارض إصدار شهادة جديدة بدلاً من المفقودة أو التالفة أن يقيم دعوى مستعجلة أمام الجهة القضائية المختصة خلال خمسة عشر يوماً من تاريخ تقديم معارضته، وإلا عدت المعارضة كأن لم تكن.

يجب أن تسلم الشركة الشهادة بدل المفقودة أو التالفة لصاحب الحق فيها بمجرد انتهاء المدة

المشار إليها في الفقرة (١) من هذه المادة دون إقامة الدعوى، أو صدور حكم قضائي نهائي بعدم صحة المعارضة.

د. الفرع الثاني: أدوات الدين والصكوك التمويلية

المادة (١٢١) الحادية والعشرون بعد المائة:

على الشركة مراعاة الأحكام الشرعية للديون عند إصدار أدوات الدين وتداولها.

المادة (١٢٢) الثانية والعشرون بعد المائة:

لشركة المساهمة أن تصدر وفقاً لنظام السوق المالية أدوات دين أو صكوكاً تمويلية قابلة

للتداول.

لا يجوز للشركة إصدار أدوات دين أو صكوك تمويلية قابلة للتحويل إلى أسهم، إلا بعد صدور قرار من الجمعية العامة غير العادية تحدد فيه الحد الأقصى لعدد الأسهم التي يجوز أن يتم إصدارها مقابل تلك الأدوات أو الصكوك، سواء أصدرت تلك الأدوات أو الصكوك في الوقت نفسه أو من خلال سلسلة من الإصدارات أو من خلال برنامج أو أكثر لإصدار أدوات دين أو صكوك تمويلية. ويصدر مجلس الإدارة دون حاجة إلى موافقة جديدة من هذه الجمعية أسهماً جديدة مقابل تلك الأدوات أو الصكوك التي يطلب حاملوها تحويلها، فور انتهاء فترة طلب التحويل المحددة لحملة تلك الأدوات أو الصكوك. ويتخذ المجلس ما يلزم لتعديل نظام الشركة الأساس فيما يتعلق بعدد الأسهم المصدرة ورأس المال.

٣ - يجب على مجلس الإدارة شهر اكتمال إجراءات كل زيادة في رأس المال بالطريقة المحددة في النظام لشهر قرارات الجمعية العامة غير العادية.

المادة (١٢٣) الثالثة والعشرون بعد المائة:

مع مراعاة ما ورد في المادة (الثانية والعشرين بعد المائة) من النظام، يجوز للشركة تحويل أدوات الدين أو الصكوك التمويلية إلى أسهم وفقاً لنظام السوق المالية. وفي جميع الأحوال لا يجوز تحويل هذه الأدوات والصكوك إلى أسهم في الحالتين التاليتين:

أ - إذا لم تتضمن شروط إصدار أدوات الدين والصكوك التمويلية إمكان جواز تحويل هذه الأدوات والصكوك إلى أسهم برفع رأس مال الشركة.

ب - إذا لم يوافق حامل أداة الدين أو الصك التمويلي على هذا التحويل.

المادة (١٢٤) الرابعة والعشرون بعد المائة:

يجوز لكل ذي مصلحة أن يطلب من الجهة القضائية المختصة إبطال التصرف الذي تم بالمخالفة

لأحكام المادتين (الثانية والعشرين بعد المائة) و(الثالثة والعشرين بعد المائة) من النظام، فضلاً عن تعويض أصحاب أدوات الدين أو الصكوك التمويلية عن الضرر الذي لحق بهم.

المادة (١٢٥) الخامسة والعشرون بعد المائة:

تسري قرارات جمعيات المساهمين على أصحاب أدوات الدين والصكوك التمويلية. ومع ذلك لا

يجوز للجمعيات المذكورة أن تعدل الحقوق المقررة لهم إلا بموافقة تصدر منهم في جمعية خاصة بهم تعقد وفقاً لأحكام المادة (التاسعة والثمانين) من النظام.

الفصل السادس: مالية شركة المساهمة

ه. الفرع الأول: حسابات الشركة

المادة (١٢٦) السادسة والعشرون بعد المائة:

تكون السنة المالية للشركة اثني عشر شهراً تحدد في نظامها الأساس، واستثناءً من ذلك يمكن أن تحدد السنة المالية الأولى بما لا يقل عن ستة أشهر ولا يزيد على ثمانية عشر شهراً بدءاً من تاريخ قيدها في السجل التجاري.

يجب على مجلس الإدارة في نهاية كل سنة مالية للشركة أن يعد القوائم المالية للشركة وتقريراً عن نشاطها ومركزها المالي عن السنة المالية المنقضية، ويضمّن هذا التقرير الطريقة المقترحة لتوزيع الأرباح. ويضع المجلس هذه الوثائق تحت تصرف مراجع الحسابات قبل الموعد المحدد لانعقاد الجمعية العامة بخمسة وأربعين يوماً على الأقل.

٣ - يجب أن يوقع رئيس مجلس إدارة الشركة ورئيسها التنفيذي ومديرها المالي الوثائق المشار إليها في الفقرة (٢) من هذه المادة، وتودع نسخ منها في مركز الشركة الرئيس تحت تصرف المساهمين قبل الموعد المحدد لانعقاد الجمعية العامة بعشرة أيام على الأقل.

٤ - على رئيس مجلس الإدارة أن يزود المساهمين بالقوائم المالية للشركة، وتقرير مجلس الإدارة، وتقرير مراجع الحسابات، ما لم تنشر في صحيفة يومية توزع في مركز الشركة الرئيس. وعليه أيضاً أن يرسل صورة من هذه الوثائق إلى الوزارة، وكذلك يرسل صورة إلى الهيئة إذا كانت الشركة مدرجة في السوق المالية، وذلك قبل تاريخ انعقاد الجمعية العامة بخمسة عشر يوماً على الأقل.

المادة (١٢٧) السابعة والعشرون بعد المائة:

يراعى في تبويب القوائم المالية لكل سنة مالية، التبويب المتبع في السنوات السابقة، وتبقى أسس

تقويم الأصول والخصوم ثابتة، وذلك دون الإخلال بالمعايير المحاسبية المتعارف عليها.

المادة (١٢٨) الثامنة والعشرون بعد المائة:

على مجلس الإدارة خلال ثلاثين يوماً من تاريخ موافقة الجمعية العامة على القوائم المالية ـ

وتقرير مجلس الإدارة وتقرير مراجع الحسابات وتقرير لجنة المراجعة أن يودع صوراً من الوثائق المذكورة لدى الوزارة، وكذلك لدى الهيئة إذا كانت الشركة مدرجة في السوق المالية.

المادة (١٢٩) التاسعة والعشرون بعد المائة:

مع مراعاة ما تقضي به الأنظمة الأخرى ذات العلاقة، يجنب سنويًا (١٠ %) من صافي الأرباح لتكوين الاحتياطي النظامي للشركة. ويجوز أن تقرر الجمعية العامة العادية وقف هذا التجنيب متى بلغ الاحتياطي المذكور (٣٠ %) من رأس المال المدفوع. ويجوز النص في نظام الشركة الأساس على تجنيب نسبة معينة من صافي الأرباح لتكوين احتياطي اتفاقي يخصص للأغراض التي يحددها النظام المذكور.

للجمعية العامة العادية عند تحديد نصيب الأسهم في صافي الأرباح أن تقرر تكوين

احتياطيات أخرى، وذلك بالقدر الذي يحقق مصلحة الشركة أو يكفل توزيع أرباح ثابتة قدر

الإمكان على المساهمين. وللجمعية المذكورة كذلك أن تقتطع من صافي الأرباح مبالغ لإنشاء

مؤسسات اجتماعية لعاملي الشركة أو لمعاونة ما يكون قائماً من هذه المؤسسات.

المادة (١٣٠) الثلاثون بعد المائة:

يستخدم الاحتياطي النظامي في تغطية خسائر الشركة، أو زيادة رأس المال. وإذا جاوز هذا

الاحتياطي (٣٠ %) من رأس المال المدفوع، جاز للجمعية العامة العادية أن تقرر توزيع الزيادة على المساهمين في السنوات التي لا تحقق فيها الشركة أرباحاً صافية تكفي لتوزيع النصيب المقرر لهم في نظام الشركة الأساس.

لا يجوز أن يستخدم الاحتياطي الاتفاقي إلا بقرار من الجمعية العامة غير العادية. وإذا لم يكن هذا الاحتياطي مخصصاً لغرض معين، جاز للجمعية العامة العادية بناءً على اقتراح مجلس الإدارة أن تقرر صرفه فيما يعود بالنفع على الشركة أو المساهمين. -

٣ يجوز للجمعية العامة العادية استخدام الأرباح المبقاة والاحتياطيات الاتفاقية القابلة للتوزيع

لسداد المبلغ المتبقي من قيمة السهم أو جزء منه، على ألا يخل ذلك بالمساواة بين المساهمين.

المادة (١٣١) الحادية والثلاثون بعد المائة:

يبين نظام الشركة الأساس النسبة التي يجب توزيعها على المساهمين من الأرباح الصافية، بعد تجنيب الاحتياطي النظامي والاحتياطيات الأخرى.

يستحق المساهم حصته في الأرباح وفقاً لقرار الجمعية العامة الصادر في هذا الشأن، ويبين القرار تاريخ الاستحقاق وتاريخ التوزيع. وتكون أحقية الأرباح لمالكي الأسهم المسجلين في سجلات المساهمين في نهاية اليوم المحدد للاستحقاق. وتحدد الجهة المختصة الحد الأقصى للمدة التي يجب على مجلس الإدارة أن ينفذ أثناءها قرار الجمعية العامة العادية في شأن توزيع الأرباح على المساهمين.

و. الفرع الثاني: مراجع الحسابات

المادة (١٣٢) الثانية والثلاثون بعد المائة:

يمارس المساهمون الرقابة على حسابات الشركة وفقاً للأحكام المنصوص عليها في النظام ونظام الشركة الأساس.

المادة (١٣٣) الثالثة والثلاثون بعد المائة:

يجب أن يكون للشركة مراجع حسابات (أو أكثر) من بين مراجعي الحسابات المرخص لهم بالعمل في المملكة تعينه الجمعية العامة العادية، وتحدد مكافأته

ومدة عمله، ويجوز لها إعادة تعيينه، على ألا يتجاوز مجموع مدة تعيينه خمس سنوات متصلة، ويجوز لمن استنفد هذه المدة أن يعاد تعيينه بعد مضي سنتين من تاريخ انتهائها. ويجوز للجمعية أيضاً في كل وقت تغييره مع عدم الإخلال بحقه في التعويض إذا وقع التغيير في وقت غير مناسب أو لسبب غير مشروع.

لا يجوز الجمع بين عمل مراجع الحسابات والاشتراك في تأسيس الشركة أو عضوية مجلس الإدارة أو القيام بعمل فني أو إداري في الشركة أو لمصلحتها ولو على سبيل الاستشارة. ولا يجوز كذلك أن يكون المراجع شريكاً لأحد مؤسسي الشركة أو لأحد أعضاء مجلس إدارتها أو عاملاً لديه أو قريباً له إلى الدرجة الرابعة بدخول الغاية. ويكون باطلاً كل عمل مخالف لذلك، مع إلزامه برد ما قبضه إلى وزارة المالية.

المادة (١٣٤) الرابعة والثلاثون بعد المائة:

لمراجع الحسابات في أيّ وقت حق الاطلاع على دفاتر الشركة وسجلاتها وغير ذلك من

الوثائق، وله أيضاً طلب البيانات والإيضاحات التي يرى ضرورة الحصول عليها، ليتحقق من موجودات الشركة والتزاماتها وغير ذلك مما يدخل في نطاق عمله. وعلى رئيس مجلس الإدارة أن يمكنه من أداء واجبه، وإذا صادف مراجع الحسابات صعوبة في هذا الشأن أثبت ذلك في تقرير يقدم إلى مجلس الإدارة. فإذا لم ييسر المجلس عمل مراجع الحسابات، وجب عليه أن يطلب من مجلس الإدارة دعوة الجمعية العامة العادية للنظر في الأمر.

المادة (١٣٥) الخامسة والثلاثون بعد المائة:

على مراجع الحسابات أن يقدم إلى الجمعية العامة العادية السنوية تقريراً يعد وفقاً لمعايير

المراجعة المتعارف عليها يضمنه موقف إدارة الشركة من تمكينه من الحصول على البيانات والإيضاحات التي طلبها، وما يكون قد تبين له من مخالفات لأحكام النظام أو أحكام نظام الشركة الأساس، ورأيه في مدى عدالة القوائم المالية للشركة. ويتلو مراجع الحسابات تقريره في الجمعية العامة. وإذا قررت الجمعية التصديق على تقرير مجلس الإدارة والقوائم المالية دون الاستماع إلى تقرير مراجع الحسابات، كان قرارها باطلاً.

المادة (١٣٦) السادسة والثلاثون بعد المائة:

لا يجوز لمراجع الحسابات أن يفشي إلى المساهمين في غير الجمعية العامة أو إلى الغير ما وقف عليه من أسرار الشركة بسبب قيامه بعمله، وإلا وجب عزله فضلاً عن مطالبته بالتعويض.

يكون مراجع الحسابات مسؤولاً عن تعويض الضرر الذي يصيب الشركة أو المساهمين أو الغير بسبب الأخطاء التي تقع منه في أداء عمله. وإذا تعدد المراجعون واشتركوا في الخطأ كانوا مسؤولين بالتضامن.

الفصل السابع: تعديل رأس مال الشركة

ز. الفرع الأول: زيادة رأس المال

المادة (١٣٧) السابعة والثلاثون بعد المائة:

للجمعية العامة غير العادية أن تقرر زيادة رأس مال الشركة، بشرط أن يكون رأس المال قد دفع كاملاً. ولا يشترط أن يكون رأس المال قد دفع بأكمله إذا كان الجزء غير المدفوع من رأس المال يعود إلى أسهم صدرت مقابل تحويل أدوات دين أو صكوك تمويلية إلى أسهم ولم تنتهِ بعدُ المدة المقررة لتحويلها إلى أسهم.

للجمعية العامة غير العادية في جميع الأحوال أن تخصص الأسهم المصدرة عند زيادة رأس المال أو جزءاً منها للعاملين في الشركة والشركات التابعة أو بعضها، أو أي من ذلك. ولا يجوز للمساهمين ممارسة حق الأولوية عند إصدار الشركة للأسهم المخصصة للعاملين.

المادة (١٣٨) الثامنة والثلاثون بعد المائة:

يزاد رأس المال بإحدى الطرق الآتية:

أ إصدار أسهم جديدة مقابل حصص نقدية أو عينية. -

ب إصدار أسهم جديدة مقابل ما على الشركة من ديون معينة المقدار حالَّة الأداء، على أن يكون

الإصدار بالقيمة التي تقررها الجمعية العامة غير العادية بعد الاستعانة برأي خبير أو مقوِّم معتمد، وبعد أن يعد مجلس الإدارة ومراجع الحسابات بياناً عن منشأ هذه الديون ومقدارها ويوقع أعضاء المجلس ومراجع الحسابات هذا البيان، ويكونون مسؤولين عن صحته.

ج - إصدار أسهم جديدة بمقدار الاحتياطي الذي تقرر الجمعية العامة غير العادية إدماجه في رأس المال. ويجب أن تصدر هذه الأسهم بنفس شكل وأوضاع الأسهم المتداولة، وتوزع تلك الأسهم على المساهمين دون مقابل بنسبة ما يملكه كل منهم من الأسهم الأصلية.

د - إصدار أسهم جديدة مقابل أدوات الدين أو الصكوك التمويلية.

المادة (١٣٩) التاسعة والثلاثون بعد المائة:

للمساهم المالك للسهم وقت صدور قرار الجمعية العامة بالموافقة على زيادة رأس المال الأولوية في الاكتتاب بالأسهم الجديدة التي تصدر مقابل حصص نقدية، ويبلغ هؤلاء بأولويتهم إن وجدت بالنشر في صحيفة يومية أو بإبلاغهم بوساطة البريد المسجل عن قرار زيادة رأس المال وشروط الاكتتاب ومدته وتاريخ بدايته وانتهائه.

المادة (١٤٠) الأربعون بعد المائة:

يحق للجمعية العامة غير العادية إذا نص على ذلك في نظام الشركة الأساس وقف العمل ــ ـ

بحق الأولوية للمساهمين في الاكتتاب بزيادة رأس المال مقابل حصص نقدية أو إعطاء الأولوية لغير المساهمين في الحالات التي تراها مناسبة لمصلحة الشركة.

المادة (١٤١) الحادية والأربعون بعد المائة:

يحق للمساهم بيع حق الأولوية أو التنازل عنه خلال المدة من وقت صدور قرار الجمعية العامة

بالموافقة على زيادة رأس المال إلى آخر يوم للاكتتاب في الأسهم الجديدة المرتبطة بهذه الحقوق، وفقاً للضوابط التي تضعها الجهة المختصة.

المادة (١٤٢) الثانية والأربعون بعد المائة:

مع مراعاة ما ورد في المادة (الأربعين بعد المائة) من النظام، توزع الأسهم الجديدة على حَمَلَة حقوق الأولوية الذين طلبوا الاكتتاب، بنسبة ما يملكونه من حقوق أولوية من إجمالي حقوق الأولوية الناتجة من زيادة رأس المال، بشرط ألا يتجاوز ما يحصلون عليه ما طلبوه من الأسهم الجديدة، ويوزع الباقي من الأسهم الجديدة على حملة حقوق الأولوية الذين طلبوا أكثر من نصيبهم،

بنسبة ما يملكونه من حقوق أولوية من إجمالي حقوق الأولوية الناتجة من زيادة رأس المال، بشرط ألا يتجاوز ما يحصلون عليه ما طلبوه من الأسهم الجديدة، ويطرح ما تبقى من الأسهم على الغير، ما لم تقرر الجمعية العامة غير العادية أو ينص نظام السوق المالية على غير ذلك.

المادة (١٤٣) الثالثة والأربعون بعد المائة:

تسري على الأسهم التي تصدر مقابل حصص عينية عند زيادة رأس المال أحكام تقويم الحصص

العينية المقدمة عند تأسيس الشركة، وتقوم الجمعية العامة العادية مقام الجمعية التأسيسية في هذا الشأن.

ح. الفرع الثاني: تخفيض رأس المال

المادة (١٤٤) الرابعة والأربعون بعد المائة:

للجمعية العامة غير العادية أن تقرر تخفيض رأس المال إذا زاد على حاجة الشركة أو إذا منيت

بخسائر. ويجوز في الحالة الأخيرة وحدها تخفيض رأس المال إلى ما دون الحد المنصوص عليه في المادة (الرابعة والخمسين) من النظام. ولا يصدر قرار التخفيض إلا بعد تلاوة تقرير خاص يعده مراجع الحسابات عن الأسباب الموجبة له وعن الالتزامات التي على الشركة وعن أثر التخفيض في هذه الالتزامات.

المادة (١٤٥) الخامسة والأربعون بعد المائة:

إذا كان تخفيض رأس المال نتيجة زيادته على حاجة الشركة، وجبت دعوة الدائنين إلى إبداء

اعتراضاتهم عليه خلال ستين يوماً من تاريخ نشر قرار التخفيض في صحيفة يومية توزع في المنطقة التي فيها مركز الشركة الرئيس. فإن اعترض أحد الدائنين وقدم إلى الشركة مستنداته في الميعاد المذكور، وجب على الشركة أن تؤدي إليه دينه إذا كان حالاً أو أن تقدم له ضماناً كافياً للوفاء به إذا كان آجلاً.

المادة (١٤٦) السادسة والأربعون بعد المائة:

يخفض رأس المال بإحدى الطرق الآتية:

أ ـ إلغاء عدد من الأسهم يعادل القدر المطلوب تخفيضه.

ب ـ شراء الشركة لعدد من أسهمها يعادل القدر المطلوب تخفيضه، ومن ثم إلغاؤها.

المادة (١٤٧) السابعة والأربعون بعد المائة:

إذا كان تخفيض رأس المال بإلغاء عدد من الأسهم، وجبت مراعاة المساواة بين المساهمين، وعلى هؤلاء أن يقدموا إلى الشركة في الميعاد الذي تحدده الأسهم التي تقرر إلغاؤها، وإلا عدت ملغاة.

المادة (١٤٨) الثامنة والأربعون بعد المائة:

إذا كان تخفيض رأس المال عن طريق شراء عدد من أسهم الشركة من أجل إلغائها، وجبت دعوة المساهمين إلى عرض أسهمهم للبيع، وتتم هذه الدعوة بإبلاغ المساهمين بواسطة البريد المسجل أو في صحيفة يومية توزع في المنطقة التي يقع فيها مركز الشركة الرئيس برغبة الشركة في شراء الأسهم.

٢ـ إذا زاد عدد الأسهم المعروضة للبيع على العدد الذي قررت الشركة شراءه، وجب تخفيض طلبات البيع بنسبة هذه الزيادة.

٣ ـ يقدر ثمن شراء أسهم الشركات غير المدرجة بالثمن العادل. أما أسهم الشركات المدرجة، فتشترى وفقاً لنظام السوق المالية.

الفصل الثامن: انقضاء شركة المساهمة

المادة (١٤٩) التاسعة والأربعون بعد المائة:

إذا آلت جميع أسهم شركة المساهمة إلى مساهم واحد لا تتوافر فيه الشروط الواردة في المادة

(الخامسة والخمسين) من النظام، تبقى الشركة وحدها مسؤولة عن ديونها والتزاماتها. ومع ذلك

يجب على هذا المساهم توفيق أوضاع الشركة مع الأحكام الواردة في هذا الباب أو تحويلها إلى شركة ذات مسؤولية محدودة من شخص واحد خلال مدة لا تتجاوز سنة، وإلا انقضت الشركة بقوة النظام.

المادة (١٥٠) الخمسون بعد المائة:

١ ـ إذا بلغت خسائر شركة المساهمة نصف رأس المال المدفوع، في أي وقت خلال السنة المالية، وجب على أي مسؤول في الشركة أو مراجع الحسابات فور علمه بذلك إبلاغ رئيس مجلس الإدارة، وعلى رئيس ٥٧ مجلس الإدارة إبلاغ أعضاء المجلس فوراً بذلك، وعلى مجلس الإدارة خلال خمسة عشر يوماً من ـ علمه بذلك دعوة الجمعية العامة غير العادية للاجتماع خلال خمسة وأربعين يوماً من تاريخ ـ علمه بالخسائر؛ لتقرر إما زيادة رأس مال الشركة أو تخفيضه وفقاً لأحكام النظام وذلك إلى الحد الذي تنخفض معه نسبة الخسائر إلى ما دون نصف رأس المال المدفوع، أو حل الشركة قبل الأجل المحدد في نظامها الأساس.

٢ـ تعد الشركة منقضية بقوة النظام إذا لم تجتمع الجمعية العامة غير العادية خلال المدة المحددة في الفقرة (١) من هذه المادة، أو إذا اجتمعت وتعذر عليها إصدار قرار في الموضوع، أو إذا قررت زيادة رأس المال وفق الأوضاع المقررة في هذه المادة ولم يتم الاكتتاب في كل زيادة رأس المال خلال تسعين يوماً من صدور قرار الجمعية بالزيادة.

الباب السادس: الشركة ذات المسؤولية المحدودة

الفصل الأول: أحكام عامة

المادة (١٥١) الحادية والخمسون بعد المائة:

الشركة ذات المسؤولية المحدودة شركة لا يزيد عدد الشركاء فيها على خمسين شريكاً، وتعد ـ ذمتها مستقلة عن الذمة المالية لكل شريك فيها. وتكون الشركة وحدها مسؤولة عن الديون والالتزامات المترتبة عليها، ولا يكون المالك لها أو الشريك فيها مسؤولاً عن تلك الديون والالتزامات.

٢ ـ إذا زاد عدد الشركاء على العدد المحدد في الفقرة (١) من هذه المادة، وجب تحويل الشركة إلى ـ شركة مساهمة خلال مدة لا تتجاوز سنة، وإذا مضت هذه المدة دون تحويلها انقضت بقوة النظام، ما لم تكن الزيادة ناتجة من الإرث أو الوصية.

المادة (١٥٢) الثانية والخمسون بعد المائة:

يكون للشركة ذات المسؤولية المحدودة اسم مشتق من غرضها أو مبتكر. ولا يجوز أن يشتمل اسمها على اسم شخص ذي صفة طبيعية، إلا إذا كان غرض الشركة استثمار براءة اختراع مسجلة باسم هذا الشخص، أو إذا ملكت الشركة منشأة تجارية واتخذت اسمها اسماً لها، أو كان هذا الاسم اسماً لشركة

تحولت إلى شركة ذات مسؤولية محدودة واشتمل اسمها على اسم شخص ذي صفة طبيعية. وإذا كانت الشركة مملوكة لشخص واحد، وجب أن يتضمن الاسم ما يفيد بأنها شركة ذات مسؤولية محدودة مملوكة لشخص واحد، ويترتب على إهمال ذلك تطبيق الفقرة (٢) من هذه المادة.

يكون مديرو الشركة مسؤولين شخصيًا وبالتضامن عن التزامات الشركة عند عدم وضع عبارة ذات مسؤولية محدودة أو عدم بيان مقدار رأس المال إلى جانب اسم الشركة.

المادة (١٥٣) الثالثة والخمسون بعد المائة:

لا يجوز أن يكون غرض الشركة ذات المسؤولية المحدودة القيام بأعمال البنوك أو التمويل أو الادخار أو التأمين أو استثمار الأموال لحساب الغير.

لا يجوز للشركة ذات المسؤولية المحدودة أن تلجأ إلى الاكتتاب العام لتكوين رأس مالها أو زيادته أو للحصول على قرض، ولا أن تصدر صكوكاً قابلة للتداول.

المادة (١٥٤) الرابعة والخمسون بعد المائة:

استثناء من أحكام المادة (الثانية) من النظام، يجوز أن تؤسس الشركة ذات المسؤولية المحدودة من شخص واحد، أو أن تؤول جميع حصصها إلى شخص واحد. وفي هذه الحالة تقتصر مسؤولية هذا الشخص على ما خصصه من مال ليكون رأس مال للشركة، ويكون لهذا الشخص صلاحيات وسلطات المدير ومجلس مديري الشركة والجمعية العامة للشركاء المنصوص عليها في هذا الباب، ويجوز له تعيين مدير واحد (أو أكثر) يكون هو الممثل لها أمام القضاء وهيئات التحكيم والغير، ومسؤولاً عن إدارتها أمام الشريك المالك لحصص الشركة.

في جميع الأحوال؛ لا يجوز للشخص الطبيعي أن يؤسس أو يتملك أكثر من شركة ذات ـ

مسؤولية محدودة من شخص واحد، ولا يجوز للشركة ذات المسؤولية المحدودة المملوكة من شخص واحد (ذي صفة طبيعية أو اعتبارية) أن تؤسس أو تتملك شركة أخرى ذات مسؤولية محدودة من شخص واحد.

المادة (١٥٥) الخامسة والخمسون بعد المائة:

يكون الشخص المالك للشركة ذات المسؤولية المحدودة مسؤولاً في أمواله الخاصة عن التزامات

الشركة في مواجهة الغير الذي تعامل معه باسم الشركة، وذلك في الأحوال الآتية:

أ ـ إذا قام بسوء نية بتصفية شركته، أو وقف نشاطها قبل انتهاء مدتها أو قبل تحقيق الغرض

الذي أنشئت من أجله.

ب ـ إذا لم يفصل بين أعمال الشركة وأعماله الخاصة الأخرى.

ج ـ إذا زاول أعمالاً لحساب الشركة قبل اكتسابها الشخصية الاعتبارية.

الفصل الثاني: التأسيس

المادة (١٥٦) السادسة والخمسون بعد المائة:

يجب أن يوقع عقد تأسيس الشركة ذات المسؤولية المحدودة جميع الشركاء، وأن يشتمل العقد

بصفة خاصة على البيانات الآتية:

أ ـ نوع الشركة واسمها وغرضها ومركزها الرئيس.

ب ـ أسماء الشركاء وأماكن إقامتهم ومهنهم وجنسياتهم.

ج ـ أسماء أعضاء مجلس الرقابة إن وجد.

د ـ مقدار رأس المال ومقدار الحصص النقدية والحصص العينية ووصف تفصيلي للحصص العينية وقيمتها وأسماء مقدميها.

هـ ـ إقرار الشركاء بتوزيع جميع حصص رأس المال والوفاء بقيمة هذه الحصص كاملة.

و ـ طريقة توزيع الأرباح والخسائر.

ز ـ تاريخ بدء الشركة وتاريخ انتهائها.

ح ـ شكل التبليغات التي قد توجهها الشركة إلى الشركاء.

المادة (١٥٧) السابعة والخمسون بعد المائة:

مع مراعاة ما ورد في المادة (الرابعة عشرة) من النظام، لا تؤسس الشركة ذات المسؤولية المحدودة إلا إذا وزعت جميع الحصص النقدية والحصص

العينية على جميع الشركاء وتم الوفاء بها كاملة، وتودع الحصص النقدية في أحد البنوك المرخص لها، ولا يجوز للبنك صرفها إلا بعد استكمال إجراءات شهر الشركة وقيدها في السجل التجاري.

يتبع في تقويم الحصص العينية الأحكام المنصوص عليها لتقدير هذه الحصص في شركة ـ

المساهمة. ومع ذلك يكون الشركاء الذين قدموا هذه الحصص مسؤولين بالتضامن في جميع

أموالهم في مواجهة الغير عن عدالة تقدير الحصص العينية التي قدموها. ولا تسمع دعوى المسؤولية في هذه الحالة بعد انقضاء خمس سنوات من تاريخ شهر الشركة وقيدها في السجل التجاري بحسب المادة (الثامنة والخمسين بعد المائة) من النظام.

المادة (١٥٨) الثامنة والخمسون بعد المائة:

يجب على مديري الشركة خلال ثلاثين يوماً من تأسيسها نشر عقد التأسيس على نفقتها في موقع الوزارة الإلكتروني. وعلى المديرين كذلك القيام في الميعاد المذكور بقيد الشركة في السجل التجاري. وتسري الأحكام المذكورة على كل تعديل يطرأ على عقد تأسيس الشركة.

المادة (١٥٩) التاسعة والخمسون بعد المائة:

تعد باطلة بالنسبة إلى كل ذي مصلحة الشركة ذات المسؤولية المحدودة التي تؤسس بالمخالفة لأحكام المواد (المادة الثالثة والخمسين بعد المائة) و(الرابعة والخمسين بعد المائة) و(السادسة

والخمسين بعد المائة) و(السابعة والخمسين بعد المائة) من النظام، ولكن لا يجوز للشركاء أن يحتجوا على الغير بهذا البطلان. وإذا تقرر البطلان تطبيقاً لذلك، كان الشركاء الذين تسببوا فيه مسؤولين بالتضامن في مواجهة باقي الشركاء والغير عن تعويض الضرر المترتب عليه.

الفصل الثالث: رأس المال والحصص

المادة (١٦٠) الستون بعد المائة:

يجب أن يكون رأس مال الشركة عند تأسيسها كافياً لتحقيق غرضها، ويحدد الشركاء مقداره

في عقد تأسيس الشركة، ويقسم إلى حصص متساوية القيمة، وتكون الحصة غير قابلة للتجزئة

والتداول. فإذا ملك الحصة أشخاص متعددون، جاز للشركة أن توقف استعمال الحقوق المتصلة بها إلى أن يختار مالكو الحصة من بينهم من يعد مالكاً منفرداً لها في مواجهة الشركة. ويجوز للشركة أن تحدد لهؤلاء ميعاداً لإجراء هذا الاختيار، وإلا كان من حقها بعد انقضاء الميعاد المذكور بيع الحصة لحساب مالكيها. وفي هذه الحالة تعرض الحصة على الشركاء الآخرين ثم على الغير، وفقاً لما ورد في المادة (الحادية والستين بعد المائة) من النظام، ما لم ينص عقد التأسيس على غير ذلك.

المادة (١٦١) الحادية والستون بعد المائة:

يجوز للشريك أن يتنازل عن حصته لأحد الشركاء أو للغير وفقاً لشروط عقد تأسيس الشركة.

ومع ذلك، إذا أراد الشريك التنازل عن حصته بعوض أو بدونه لغير أحد الشركاء، وجب أن يبلغ

باقي الشركاء عن طريق مدير الشركة بشروط التنازل. وفي هذه الحالة، يجوز لكل شريك أن

يطلب استرداد الحصة بحسب قيمتها العادلة خلال ثلاثين يوماً من تاريخ إبلاغه بذلك ما لم ينص

عقد تأسيس الشركة على طريقة تقويم أو مدة أخرى. وإذا استعمل حق الاسترداد أكثر من

شريك، قسمت هذه الحصة أو الحصص بين طالبي الاسترداد بنسبة حصة كل منهم في رأس المال. ولا يسري حق الاسترداد المنصوص عليه في هذه المادة على انتقال ملكية الحصص بالإرث أو بالوصية أو انتقالها بموجب حكم من الجهة القضائية المختصة.

إذا انقضت المدة المحددة لممارسة حق الاسترداد دون أن يستعمله أحد الشركاء، كان لصاحب الحصة الحق في التنازل عنها للغير.

المادة (١٦٢) الثانية والستون بعد المائة:

تُعِد الشركة سجلاً خاصاً بأسماء الشركاء وعدد الحصص التي يملكها كل منهم والتصرفات

التي ترد على الحصص. ولا ينفذ انتقال الملكية في مواجهة الشركة أو الغير إلا بقيد السبب الناقل للملكية في السجل المذكور. وعلى الشركة إبلاغ الوزارة لإثباته في سجل الشركة.

المادة (١٦٣) الثالثة والستون بعد المائة:

ترتب الحصص حقوقاً متساوية في الأرباح الصافية وفي فائض التصفية، ما لم ينص عقد تأسيس الشركة على غير ذلك.

الفصل الرابع: الإدارة

المادة (١٦٤) الرابعة والستون بعد المائة:

١ - يدير الشركة مدير أو أكثر من الشركاء أو من غيرهم، ويعين الشركاء المدير أو المديرين في عقد تأسيس الشركة أو في عقد مستقل لمدة معينة أو غير معينة. ويجوز بقرار من الشركاء تكوين مجلس مديرين إذا تعددوا.

٢ـ يحدد عقد تأسيس الشركة أو قرار الشركاء طريقة العمل في مجلس المديرين والأغلبية اللازمة لقراراته. وتلتزم الشركة بأعمال المديرين التي تدخل في غرض الشركة.

المادة (١٦٥) الخامسة والستون بعد المائة:

يجوز للشركاء عزل المدير أو المديرين سواء أكانوا معينين في عقد تأسيس الشركة أم في عقد مستقل دون إخلال بحقهم في التعويض إذا وقع العزل لسبب غير مشروع أو في وقت غير مناسب.

يكون المديرون مسؤولين بالتضامن عن تعويض الضرر الذي يصيب الشركة أو الشركاء أو الغير بسبب مخالفتهم أحكام النظام أو أحكام عقد تأسيس الشركة أو بسبب ما يصدر منهم من أخطاء في أداء عملهم، وكل شرط يقضي بغير ذلك يعد كأن لم يكن.

٣ - لا تحول دون إقامة دعوى المسؤولية موافقة الشركاء على إبراء ذمة المديرين.

٤ ـفيما عدا حالتي الغش والتزوير، لا تسمع دعوى المسؤولية في جميع الأحوال بعد مرور خمس سنوات من تاريخ انتهاء السنة المالية التي وقع فيها

الفعل الضار أو ثلاث سنوات من انتهاء عمل المدير المعني في الشركة، أيهما أبعد.

المادة (١٦٦) السادسة والستون بعد المائة:

يكون للشركة ذات المسؤولية المحدودة مراجع حسابات أو أكثر، وفقاً للأحكام المقررة لذلك في

شركة المساهمة.

المادة (١٦٧) السابعة والستون بعد المائة:

يكون للشركة ذات المسؤولية المحدودة جمعية عامة تتكون من جميع الشركاء.

تعقد الجمعية العامة بدعوة من المدير أو المديرين وفقاً للأوضاع التي يحددها عقد تأسيس الشركة، على أن تعقد مرة على الأقل في السنة خلال الشهور الأربعة التالية لنهاية السنة المالية للشركة.

تجوز دعوة الجمعية العامة في كل وقت بناء على طلب المديرين أو مجلس الرقابة أو مراجع الحسابات أو عدد من الشركاء يمثل نصف رأس المال على الأقل.

٤- يحرر محضر بخلاصة مناقشات الجمعية العامة، وتدون المحاضر وقرارات الجمعية العامة   أو قرارات الشركاء في سجل خاص تعده الشركة لهذا الغرض.

المادة (١٦٨) الثامنة والستون بعد المائة:

تصدر قرارات الشركاء في الجمعية العامة، ومع ذلك يجوز في الشركة التي لا يزيد عدد

الشركاء فيها على عشرين أن يبدي الشركاء آراءهم متفرقين. وفي هذه الحالة يرسل مدير

الشركة إلى كل شريك خطاباً مسجلاً بالقرارات المقترحة ليصوت الشريك عليها كتابة.

في جميع الأحوال لا تكون القرارات صحيحة إلا إذا وافق عليها عدد من الشركاء يمثل أكثر من نصف رأس المال على الأقل، ما لم ينص عقد تأسيس الشركة على أغلبية أكبر.

٣ ـ إذا لم تتوافر في المداولة أو في المشاورة الأولى الأغلبية المنصوص عليها في الفقرة(٢) من هذه المادة، وجبت دعوة الشركاء إلى الاجتماع بخطابات مسجلة، ما لم ينص عقد تأسيس الشركة على غير ذلك.

٤ـ تصدر القرارات في الاجتماع المشار إليه في الفقرة (٣) من هذه المادة بموافقة أغلبية الحصص الممثلة فيه أيًّا كانت النسبة التي تمثلها بالنسبة إلى رأس المال، ما لم ينص عقد تأسيس الشركة على غير ذلك.

٥ـ يجوز أن يحدد عقد تأسيس الشركة أي طريقة أخرى للدعوة إلى الاجتماع أو للتبليغ بالقرارات.

المادة (١٦٩) التاسعة والستون بعد المائة:

يجب أن يشتمل جدول أعمال الجمعية العامة للشركاء في اجتماعها السنوي على البنود الآتية:

أ ـ سماع تقرير مديري الشركة عن نشاط الشركة ومركزها المالي خلال السنة المالية، وتقرير

مراجع الحسابات، وتقرير مجلس الرقابة إن وجد.

ب ـ مناقشة القوائم المالية والتصديق عليها.

ج ـ تحديد نسبة الربح التي توزع على الشركاء.

د ـ تعيين مديري الشركة أو أعضاء مجلس الرقابة إن وجدوا وتحديد مكافآتهم.

هـ ـ تعيين مراجع الحسابات وتحديد أتعابه.

و ـ المسائل الأخرى التي تدخل في اختصاص الجمعية بموجب النظام أو عقد تأسيس الشركة.

المادة (١٧٠) السبعون بعد المائة:

لا يجوز للجمعية العامة للشركاء أن تتداول في غير المسائل الواردة في جدول الأعمال، إلا إذا ظهرت أثناء الاجتماع وقائع تقتضي المداولة فيها.

إذا طلب أحد الشركاء إدراج مسألة معينة في جدول الأعمال، وجب على مديري الشركة إجابة الطلب، وإلا كان من حق الشريك أن يحتكم إلى الجمعية.

المادة (١٧١) الحادية والسبعون بعد المائة:

لكل شريك حق مناقشة الموضوعات المدرجة في جدول أعمال الجمعية العامة للشركاء، ويكون

مديرو الشركة ملزمين بالإجابة عن أسئلة الشركاء. فإذا رأى أحد الشركاء أن الرد على سؤاله غير كافٍ، احتكم إلى الجمعية.

المادة (١٧٢) الثانية والسبعون بعد المائة:

إذا زاد عدد الشركاء على عشرين، وجب النص في عقد تأسيس الشركة على تعيين مجلس رقابة لمدة معينة مكون من ثلاثة من الشركاء على الأقل. وإذا طرأت هذه الزيادة بعد تأسيس الشركة وجب على الجمعية العامة للشركاء أن تقوم في أقرب وقت بهذا التعيين.

للجمعية العامة أن تعيد تعيين أعضاء مجلس الرقابة بعد انتهاء المدة المحددة لعضويتهم في

المجلس، أو تعين غيرهم من الشركاء. ولها كذلك عزلهم في أي وقت لسبب مقبول. وفي جميع

الأحوال لا يكون لمديري الشركة صوت في انتخاب أعضاء مجلس الرقابة أو عزلهم.

٣ ـ على مجلس الرقابة أن يراقب أعمال الشركة، وأن يبدي الرأي في الأمور التي يعرضها عليه مدير أو مديرو الشركة، وفي التصرفات التي يشترط لمباشرتها الحصول على إذن سابق من مجلس الرقابة.

٤ـ يجب أن يقدم مجلس الرقابة إلى الجمعية العامة للشركاء في نهاية كل سنة مالية تقريراً عن ـ

نتائج مراقبته لأعمال الشركة.

٥ـ لا يسأل أعضاء مجلس الرقابة عن أعمال المدير أو المديرين أو نتائجها، إلا إذا علموا بما وقع من أخطاء وأهملوا إبلاغ الجمعية العامة للشركاء بها.

المادة (١٧٣) الثالثة والسبعون بعد المائة:

١ـ يكون لكل شريك حق الاشتراك في المداولات وفي التصويت، وعدد من الأصوات يعادل عدد الحصص التي يملكها. ولا يجوز الاتفاق على غير ذلك.

٢ـ يجوز لكل شريك أن يوكل عنه كتابة شريكاً آخر في حضور اجتماعات الشركاء وفي ـ ـ ـ

التصويت، ما لم ينص عقد تأسيس الشركة على غير ذلك.

٣ - للشريك غير المدير في الشركات التي ليس فيها مجلس رقابة أن يوجه النصح للمديرين، وله

أو من يفوضه أن يطلب الاطلاع في مركز الشركة على أعمالها وفحص دفاترها ووثائقها،

وذلك خلال الخمسة عشر يوماً السابقة للتاريخ المحدد لعرض الحسابات الختامية السنوية على

الشركاء، وكل شرط مخالف لذلك يعد باطلاً.

٤- يلتزم كل من حصل على أي معلومة بموجب هذه المادة بالمحافظة على سريتها وعدم - - -

استخدامها في أي غرض قد يضر بالشركة أو أحد شركائها ويلتزم بالتعويض عن أي ضرر ينشأ

عن عدم الالتزام بذلك.

المادة (١٧٤) الرابعة والسبعون بعد المائة:

يجوز بموافقة جميع الشركاء تغيير جنسية الشركة، أو زيادة رأس مالها عن طريق رفع القيمة الاسمية لحصص الشركاء أو عن طريق إصدار حصص جديدة، مع إلزام جميع الشركاء بدفع قيمة الزيادة في رأس المال بنسبة مشاركة كل منهم.

٢- يجوز تعديل عقد تأسيس الشركة في غير الأمور المنصوص عليها في الفقرة (١) من هذه المادة بموافقة أغلبية الشركاء الذين يمثلون ثلاثة أرباع رأس المال على الأقل، ما لم ينص عقد -

تأسيس الشركة على غير ذلك.

المادة (١٧٥) الخامسة والسبعون بعد المائة:

يُعِد مديرو الشركة عن كل سنة مالية القوائم المالية للشركة وتقريراً عن نشاط الشركة -

ومركزها المالي واقتراحاتهم في شأن توزيع الأرباح، وذلك خلال ثلاثة أشهر من نهاية السنة المالية.

على المديرين أن يرسلوا إلى الوزارة وإلى كل شريك صورة من الوثائق المشار إليها في الفقرة (١) من هذه المادة وصورة من تقرير مجلس الرقابة إن وجد وصورة من تقرير مراجع الحسابات وذلك خلال شهر من تاريخ

إعداد الوثائق المذكورة. ولكل شريك أن يطلب من المديرين الدعوة إلى عقد الاجتماع للجمعية العامة للشركاء للمداولة في الوثائق المشار إليها في هذه المادة.

المادة (١٧٦) السادسة والسبعون بعد المائة:

على الشركة ذات المسؤولية المحدودة أن تجنب في كل سنة (١٠ %)على الأقل من أرباحها الصافية، لتكوين احتياطي نظامي. ويجوز للشركاء أن يقرروا وقف هذا التجنيب متى بلغ الاحتياطي المذكور (٣١%) من رأس مال الشركة.

المادة (١٧٧) السابعة والسبعون بعد المائة:

للجمعية العامة للشركاء أن تقرر تخفيض رأس مال الشركة إذا زاد على حاجتها أو منيت

بخسائر لم تبلغ نصف رأس المال، وذلك وفقاً لما يلي :

أ ـ يجب دعوة دائني الشركة خلال ستين يوماً من تاريخ نشر قرار التخفيض في صحيفة يومية توزع في المنطقة التي فيها مركز الشركة الرئيس لإبداء اعتراضاتهم على التخفيض. فإن اعترض أحد الدائنين على إجراء التخفيض وقدم مستنداته في الميعاد المذكور، وجب على الشركة أن تؤدي إليه دينه إذا كان حالاً أو أن تقدم ضماناً كافياً للوفاء به إذا كان آجلاً.

يقدم الشركاء إلى الوزارة مشروعاً بتعديل عقد تأسيس الشركة متضمناً تخفيض رأس مال

الشركة، على أن يرافقه كشف تفصيلي يصدقه مراجع حسابات الشركة يتضمن أسماء الدائنين وعناوينهم ومن اعترض منهم على تخفيض رأس المال ومن سُدد دينه الحال أو قُدم له ضمان كاف للوفاء بدينه الآجل، وأن يرافقه كذلك إقرار من الشركاء بمسؤوليتهم التضامنية عما يظهر من ديون لم ترد في الكشف.

ج ـ إذا لم يكن على الشركة ديون، جاز أن يقدم الشركاء إلى الوزارة إقراراً منهم معتمداً من مراجع الحسابات بمسؤوليتهم التضامنية عما يظهر من ديون. وفي هذه الحالة يعفون من دعوة الدائنين وتستكمل إجراءات التخفيض.

المادة (١٧٨) الثامنة والسبعون بعد المائة:

١ـ مع عدم الإخلال بحقوق الغير حسن النية، يقع باطلاً كل قرار تصدره الجمعية العامة بالمخالفة لأحكام النظام أو عقد تأسيس الشركة. ومع ذلك، لا يجوز أن يطلب البطلان إلا الشركاء الذين اعترضوا كتابة على القرار أو الذين لم يتمكنوا من الاعتراض عليه بعد علمهم به، ويترتب على تقرير البطلان اعتبار القرار كأن لم يكن بالنسبة إلى جميع الشركاء.

٢ـ لا تسمع دعوى البطلان بعد انقضاء سنة من تاريخ القرار المشار إليه في الفقرة(١) من هذه المادة.

الفصل الخامس: الانقضاء

المادة (١٧٩) التاسعة والسبعون بعد المائة:

لا تنقضي الشركة ذات المسؤولية المحدودة بوفاة أحد الشركاء، أو بالحجر عليه، أو بشهر إفلاسه،أو بإعساره، أو بانسحابه، ما لم ينص عقد تأسيس الشركة على غير ذلك.

المادة (١٨٠) الثمانون بعد المائة:

١ـ ما لم ينص عقد تأسيس الشركة على غير ذلك، يجوز مد أجل الشركة قبل انقضائه مدة أخرى

بقرار تصدره الجمعية العامة من أي عدد من الشركاء المالكين لنصف الحصص الممثلة لرأس المال أو من أغلبية الشركاء.

٢ـ إذا لم يصدر القرار بمد أجل الشركة، واستمرت الشركة في أداء أعمالها، امتد العقد لمدة مماثلة بالشروط نفسها الواردة في عقد التأسيس.

٣ ـ للشريك الذي لا يرغب في الاستمرار في الشركة أن ينسحب منها، وتقوَّم حصصه وفقاً للأحكام الواردة في المادة (الحادية والستين بعد المائة) من النظام، ولا ينفذ التمديد إلا بعد بيع حصة

الشريك للشركاء أو الغير بحسب الأحوال وأداء قيمتها له، ما لم يتفق الشريك المنسحب مع باقي الشركاء على غير ذلك.

٤ـ يجوز للغير الذي له مصلحة في عدم مد الأجل الاعتراض عليه والتمسك بعدم نفاذه في حقه.

المادة (١٨١) الحادية والثمانون بعد المائة:

١ـ إذا بلغت خسائر الشركة ذات المسؤولية المحدودة نصف رأس مالها، وجب على مديري الشركة تسجيل هذه الواقعة في السجل التجاري ودعوة الشركاء للاجتماع خلال مدة لا تزيد على تسعين يوماً من تاريخ علمهم ببلوغ الخسارة هذا المقدار؛ للنظر في استمرار الشركة أو حلها.

٢ ـ يجب شهر قرار الشركاء سواء باستمرار الشركة أو حلها بالطرق المنصوص عليها في المادة (الثامنة والخمسين بعد المائة) من النظام.

٣ ـ تعد الشركة منقضية بقوة النظام إذا أهمل مديرو الشركة دعوة الشركاء أو تعذر على الشركاء إصدار قرار باستمرار الشركة أو حلها.

الباب السابع: الشركة القابضة

المادة (١٨٢) الثانية والثمانون بعد المائة:

١ـ الشركة القابضة شركة مساهمة أو ذات مسؤولية محدودة تهدف إلى السيطرة على شركات أخرى مساهمة أو ذات مسؤولية محدودة تدعى الشركات التابعة، وذلك بامتلاك أكثر من نصف رأس مال تلك الشركات أو بالسيطرة على تشكيل مجلس إدارتها.

٢ ـ يجب أن يقترن اسم الشركة الذي اتخذته بالإضافة إلى نوعها بكلمة (قابضة).

المادة (١٨٣) الثالثة والثمانون بعد المائة:

أغراض الشركة القابضة ما يلي:

أ ـ إدارة الشركات التابعة لها، أو المشاركة في إدارة الشركات الأخرى التي تساهم فيها وتوفير الدعم اللازم لها.

ب ـ استثمار أموالها في الأسهم وغيرها من الأوراق المالية. ـ

ج ـ امتلاك العقارات والمنقولات اللازمة لمباشرة نشاطها. ـ

د ـ تقديم القروض والكفالات والتمويل للشركات التابعة لها. ـ

ه ـ امتلاك حقوق الملكية الصناعية من براءات الاختراع والعلامات التجارية والصناعية وحقوق الامتياز وغيرها من الحقوق المعنوية، واستغلالها، وتأجيرها للشركات التابعة لها أو لغيرها.

و ـ أي غرض آخر مشروع يتفق مع طبيعة هذه الشركة. ـ

المادة (١٨٤) الرابعة والثمانون بعد المائة:

لا يجوز للشركة التابعة امتلاك حصص أو أسهم في الشركة القابضة. ويعد باطلاً كل تصرف من شأنه نقل ملكية الأسهم أو الحصص من الشركة القابضة إلى الشركة التابعة.

المادة (١٨٥) الخامسة والثمانون بعد المائة:

على الشركة القابضة أن تعد في نهاية كل سنة قوائم مالية موحدة تشملها وتشمل الشركات التابعة لها، وذلك وفق المعايير المحاسبية المتعارف عليها.

المادة (١٨٦) السادسة والثمانون بعد المائة:

تخضع الشركة القابضة للأحكام الواردة في هذا الباب وما لا يتعارض معها من الأحكام المقررة في النظام وفقاً لنوع الشركة الذي اتخذته.

الباب الثامن: تحول الشركات واندماجها

الفصل الأول: تحول الشركات

المادة (١٨٧) السابعة والثمانون بعد المائة:

يجوز تحول الشركة إلى نوع آخر من الشركات بقرار يصدر وفقاً للأوضاع المقررة لتعديل عقد ـ تأسيس الشركة أو نظامها الأساس، وبشرط استيفاء شروط التأسيس والشهر والقيد في السجل التجاري المقررة للنوع الذي حولت إليه الشركة. ويسري على مساهمي الشركة في حالة تحولها إلى شركة مساهمة حكم المادة (السابعة بعد المائة) من النظام، على أن تبدأ مدة الحظر من تاريخ صدور قرار الموافقة على تحويل الشركة. ومع ذلك إذا اقترن تحول الشركة بزيادة في رأس مالها عن طريق الاكتتاب العام، فلا يسري الحظر على الأسهم المكتتب بها عن هذا الطريق.

يجوز للشركاء أو المساهمين الذين اعترضوا على قرار التحول، طلب التخارج من الشركة.

٣ ـ دون إخلال بشروط التأسيس والشهر والقيد المقررة لشركة المساهمة، تحوّل شركة التضامن والتوصية البسيطة وذات المسؤولية المحدودة إلى شركة مساهمة إذا طلب ذلك الشركاء المالكون لأكثر من نصف رأس المال مالم ينص في عقد تأسيسها على نسبة أقل، على أن تكون جميع حصص الشركة التي طلبت التحول مملوكة من ذوي قربى ولو من الدرجة الرابعة. ويكون باطلاً كل شرط يقضي بخلاف ما ورد في هذه الفقرة.

المادة (١٨٨) الثامنة والثمانون بعد المائة:

لا يترتب على تحول الشركة نشوء شخص ذي صفة اعتبارية جديد، وتظل الشركة محتفظة

بحقوقها والتزاماتها السابقة للتحول المذكور.

المادة (١٨٩) التاسعة والثمانون بعد المائة:

لا يترتب على تحول شركة التضامن أو التوصية البسيطة إبراء ذمة الشركاء المتضامنين من

مسؤوليتهم عن ديون الشركة السابقة للتحول، إلا إذا قبل الدائنون ذلك صراحة أو إذا لم يعترض

أحدهم على قرار التحول خلال ثلاثين يوماً من تاريخ إبلاغه به بخطاب مسجل.

الفصل الثاني: اندماج الشركات

المادة (١٩٠) التسعون بعد المائة:

مع مراعاة ما تقضي به الأنظمة ذات الصلة، يجوز للشركة ولو كانت في دور التصفية أن تندمج

في شركة أخرى من نوعها أو من نوع آخر.

المادة (١٩١) الحادية والتسعون بعد المائة:

١ ـ يكون الاندماج بضم شركة أو أكثر إلى شركة أخرى قائمة أو بمزج شركتين أو أكثر لتأسيس شركة جديدة. ويحدد عقد الاندماج شروطه، ويبين طريقة تقويم ذمة الشركة المندمجة وعدد الحصص أو الأسهم التي تخصها في رأس مال الشركة الدامجة أو الشركة الناشئة من الاندماج.

٢ ـ لا يكون الاندماج صحيحاً إلا بعد تقويم صافي أصول الشركة المندمجة والشركة الدامجة، إذا كان *المقابل* لأسهم أو حصص الشركة المندمجة أو جزء منه أسهماً أو حصصاً في الشركة الدامجة.

٣ ـ يجب في كل الأحوال صدور قرار بالاندماج من كل شركة طرف فيه، وفقاً للأوضاع المقررة لتعديل عقد تأسيس تلك الشركة أو نظامها الأساس.

٤ - لا يحق للشريك الذي يملك أسهماً أو حصصاً في الشركة الدامجة والشركة المندمجة

التصويت على القرار إلا في إحدى الشركتين.

المادة (١٩٢) الثانية والتسعون بعد المائة:

تنتقل جميع حقوق الشركة المندمجة والتزاماتها إلى الشركة الدامجة أو الشركة الناشئة من الاندماج بعد انتهاء إجراءات الدمج وتسجيل الشركة وفقاً لأحكام النظام. وتعد الشركة الدامجة أو الناشئة من الاندماج خلفاً للشركة المندمجة في حدود ما آل إليها من أصول، ما لم يتفق في عقد الاندماج على غير ذلك.

المادة (١٩٣) الثالثة والتسعون بعد المائة:

١ - يكون قرار الاندماج نافذاً بعد انقضاء ثلاثين يوماً من تاريخ شهره.

٢ - لدائني الشركة المندمجة خلال الميعاد المذكور أن يعترضوا على الاندماج بخطاب مسجل إلى الشركة. وفي هذه الحالة يوقف الاندماج إلى أن يتنازل الدائن عن معارضته، أو تفي الشركة بالدين إن كان حالاً، أو تقدم ضماناً كافياً للوفاء به إن كان آجلاً.

الباب التاسع: الشركات الأجنبية

المادة (١٩٤) الرابعة والتسعون بعد المائة:

مع عدم الإخلال بالاتفاقات الخاصة المبرمة بين الدولة وبعض الشركات الأجنبية، وفيما عدا

الأحكام المتعلقة بتأسيس الشركات، تطبق أحكام النظام على الشركات الأجنبية الآتية:

أ - الشركات التي تزاول نشاطها وأعمالها داخل المملكة، سواء كان ذلك عن طريق فرع أو مكتب أو وكالة أو أي شكل آخر.

ب - الشركات التي تتخذ من المملكة مقراً لتمثيل أعمال تقوم بها خارجها، أو توجيهها، أو تنسيقها.

المادة (١٩٥) الخامسة والتسعون بعد المائة:

لا يجوز للشركات الأجنبية أن تنشئ فروعاً أو وكالات أو مكاتب لها داخل المملكة، إلا بعد صدورترخيص لها من الهيئة العامة للاستثمار والجهة المختصة بالتنظيم والإشراف على نوع النشاط أوالأعمال التي تزاولها الشركة الأجنبية داخل المملكة. ولا يجوز لها كذلك أن تصدر أو تعرض أوراقاً مالية للاكتتاب أو البيع داخل المملكة إلا وفقاً لنظام السوق المالية.

المادة (١٩٦) السادسة والتسعون بعد المائة:

تزود الهيئة العامة للاستثمار الوزارة بنسخة من الترخيص الصادر منها، ونسخة مصدقة من عقد

تأسيس الشركة ونظامها الأساس.

المادة (١٩٧) السابعة والتسعون بعد المائة:

لا يجوز للشركة الأجنبية المرخص لها البدء في مزاولة نشاطها وأعمالها إلا بعد قيدها في السجل التجاري.

المادة (١٩٨) الثامنة والتسعون بعد المائة:

يجب على كل فرع أو وكالة أو مكتب لشركة أجنبية أن يطبع باللغة العربية على جميع أوراقه

ومستنداته ومطبوعاته عنوانه في المملكة بالإضافة إلى الاسم الكامل للشركة وعنوانها ومركزها

الرئيس واسم الوكيل.

المادة (١٩٩) التاسعة والتسعون بعد المائة:

على فرع الشركة الأجنبية أو وكالتها أو مكتبها إعداد القوائم المالية الخاصة بنشاطه داخل

المملكة وفق المعايير المحاسبية المتعارف عليها وتقرير مراجع الحسابات الخارجي عنها، وإيداع تلك الوثائق لدى الوزارة خلال ستة أشهر من تاريخ انتهاء السنة المالية الخاصة بنشاط ذلك الفرع أو الوكالة أو المكتب.

المادة (٢٠٠) المائتان:

يُعد فرع الشركة الأجنبية أو وكالتها أو مكتبها داخل المملكة موطناً لها في شأن نشاطها وأعمالها

داخل المملكة، وتطبق عليه جميع الأنظمة المعمول بها.

المادة (201) الأولى بعد المائتين:

إذا زاولت الشركة الأجنبية نشاطها وأعمالها قبل قيامها باستيفاء إجراءات ترخيصها وقيدها في السجل التجاري، أو قامت بأعمال تجاوزت المرخص بها، كانت الشركة والأشخاص الذين أجروا لك الأعمال مسؤولين عنها على وجه التضامن.

المادة (٢٠٢) الثانية بعد المائتين:

إذا كان وجود الشركة الأجنبية في المملكة من أجل تنفيذ أعمال محددة وخلال مدة محددة، يكون تسجيلها وقيدها في السجل التجاري بصورة مؤقتة ينتهيان بانتهاء تلك الأعمال وتنفيذها، ويشطب تسجيلها بعد تصفية حقوقها والتزاماتها، وفقاً لأحكام النظام وغيره من الأنظمة الأخرى المعمول بها.

الباب ال‌عاشر: تصفية الشركات

المادة (٢٠٣) الثالثة بعد المائتين:

تدخل الشركة بمجرد انقضائها دور التصفية، وتحتفظ بالشخصية الاعتبارية بالقدر اللازم للتصفية.

٢ - تنتهي سلطة مديري الشركة بحلها، ومع ذلك يظل هؤلاء قائمين على إدارة الشركة، ويعدون بالنسبة إلى الغير في حكم المصفين إلى أن يعين المصفي.

٣- تبقى جمعيات الشركة قائمة خلال مدة التصفية، ويقتصر دورها على ممارسة اختصاصاتها التي لا تتعارض مع اختصاصات المصفي.

٤ - يبقى للشريك خلال مدة التصفية حق الاطلاع على وثائق الشركة المقرر له في النظام أو في عقد - تأسيس الشركة أو في نظامها الأساس.

المادة (٢٠٤) الرابعة بعد المائتين:

ما لم ينص عقد تأسيس الشركة أو نظامها الأساس أو يتفق الشركاء على كيفية تصفية الشركة عند انقضائها، تتم التصفية وفقاً للأحكام المنصوص عليها في النظام.

المادة (٢٠٥) الخامسة بعد المائتين:

١ ـ يقوم بالتصفية مصف واحد أو أكثر، من الشركاء أو من غيرهم.

٢ ـ يصدر قرار التصفية القضائية بقرار من الجهة القضائية المختصة، ويصدر قرار التصفية الاختيارية من الشركاء أو الجمعية العامة، وإذا لم يتفق الشركاء على أي مما أشير إليه في الفقرة

(٣) من هذه المادة، فتتولى الجهة القضائية القيام بذلك.

٣ ـ يجب أن يشتمل قرار التصفية سواء أكانت اختيارية أم قضائية على تعيين المصفي،وتحديد سلطاته وأتعابه، والقيود المفروضة على سلطاته، والمدة اللازمة للتصفية. وعلى المصفي أن يشهر القرار بطرق الشهر المقررة لتعديل عقد تأسيس الشركة أو نظامها الأساس.

٤ ـ يجب ألا تتجاوز مدة التصفية الاختيارية خمس سنوات، ولا يجوز تمديدها لأكثر من ذلك إلا

بأمر قضائي.

المادة (٢٠٦) السادسة بعد المائتين:

إذا تعدد المصفون وجب عليهم أن يعملوا مجتمعين، ولا تكون تصرفاتهم صحيحة إلا بإجماعهم، ما لم ينص قرار تعيينهم أو تصرح لهم الجهة التي عينتهم بالعمل على انفراد. ويكونون مسؤولين

بالتضامن عن تعويض الضرر الذي يصيب الشركة أو الشركاء أو الغير نتيجة تجاوزهم حدود

سلطاتهم أو نتيجة الأخطاء التي يرتكبونها في أداء أعمالهم.

المادة (٢٠٧) السابعة بعد المائتين:

مع مراعاة القيود الواردة في قرار التصفية، يمثل المصفي الشركة أمام القضاء والغير، ويقوم بجميع الأعمال التي تقتضيها التصفية، وبوجه خاص تحويل موجودات الشركة إلى نقود، بما في ذلك بيع المنقولات والعقارات بالمزاد أو بأي طريقة أخرى تكفل الحصول على أعلى ثمن حالّ.

لا يجوز للمصفي أن يبيع أموال الشركة جملة، أو أن يقدمها حصة في شركة أخرى، إلا إذا

صرحت له بذلك الجهة التي عينته.

٣ـ لا يجوز للمصفي أن يبدأ أعمالاً جديدة إلا أن تكون لازمة لإتمام أعمال سابقة.

٤ـ تلتزم الشركة بأعمال المصفي الداخلة في حدود سلطاته.

٥ـ تنتهي صلاحيات المصفي بانتهاء مدة التصفية، ما لم تمدد وفق أحكام النظام.

المادة (٢٠٨) الثامنة بعد المائتين:

١ـ على المصفي سداد ديون الشركة إن كانت حالة حسب الأولوية، وتجنيب المبالغ اللازمة لسدادها إن كانت آجلة أو متنازعاً عليها.

٢ـ تكون للديون الناشئة من التصفية أولوية على الديون الأخرى. ـ

٣ ـ على المصفي بعد سداد الديون أن يرد إلى الشركاء قيمة حصصهم في رأس المال، وأن يوزع عليهم الفائض بعد ذلك وفقاً لأحكام عقد تأسيس الشركة. فإن لم يتضمن العقد أحكاماً في هذا الشأن،وزع الفائض على الشركاء بنسبة حصصهم في رأس المال.

٤ ـ إذا لم يكف صافي موجودات الشركة للوفاء بحصص الشركاء، وزعت الخسارة بينهم بحسب النسبة المقررة في توزيع الخسائر.

المادة (٢٠٩) التاسعة بعد المائتين:

١ـ يُعدّ المصفي خلال ثلاثة أشهر من مباشرته أعماله، وبالاشتراك مع مراجع حسابات الشركة إن وجد جرداً بجميع ما للشركة من أصول وما عليها من خصوم. ومع ذلك يجوز للجهة التي عينت المصفي تمديد هذه المدة عند الاقتضاء.

٢ـ على مديري الشركة أو أعضاء مجلس الإدارة أن يقدموا إلى المصفي دفاتر الشركة وسجلاتها ووثائقها والإيضاحات والبيانات التي يطلبها.

٣ ـ يعد المصفي في نهاية كل سنة مالية قوائم مالية وتقريراً عن أعمال التصفية، على أن يتضمن التقرير بياناً عن ملحوظاته وتحفظاته على أعمال التصفية والأسباب التي أدت إلى إعاقة أعمال التصفية أو تأخيرها إن وجدت واقتراحاته لتمديد مدة التصفية. وعليه تزويد الوزارة بنسخة

من هذه الوثائق وعرضها على الشركاء أو الجمعية العامة للموافقة عليها وفقاً لأحكام عقد

تأسيس الشركة أو نظامها الأساس.

٤ ـ يقدم المصفي عند انتهاء أعمال التصفية تقريراً مالياً تفصيلياً عما قام به من أعمال. وتنتهي

التصفية بتصديق الجهة التي عينت المصفي على هذا التقرير.

٥ - يشهر المصفي انتهاء التصفية بطرق الشهر المقررة لما يطرأ على عقد تأسيس الشركة أو نظامها الأساس من تعديلات.

المادة (٢١٠) العاشرة بعد المائتين:

فيما عدا حالتي الغش والتزوير، لا تسمع الدعوى ضد المصفي بسبب أعمال التصفية أو ضد

الشركاء بسبب أعمال الشركة أو ضد مديري الشركة أو أعضاء مجلس الإدارة أو مراجع الحسابات بسبب أعمال وظائفهم بعد انقضاء خمس سنوات على شهر انتهاء التصفية وفق أحكام المادة (التاسعة بعد المائتين) من النظام وشطب قيد الشركة من السجل التجاري وفقاً لنظام السجل التجاري، أو ثلاث سنوات من انتهاء عمل المصفي؛ أيهما أبعد.

الباب الحادي عشر: العقوبات

المادة (٢١١) الحادية عشرة بعد المائتين:

مع عدم الإخلال بأي عقوبة أشد ينص عليها نظام آخر، يعاقب بالسجن مدة لا تزيد على خمس سنوات وبغرامة لا تزيد على (٥,٠٠٠,٠٠٠) خمسة ملايين ريال، أو بإحدى هاتين العقوبتين:

أ- كل مدير أو مسؤول أو عضو مجلس إدارة أو مراجع حسابات أو مصف سجّل بيانات كاذبة أو مضللة في القوائم المالية أو فيما يعده من تقارير للشركاء أو للجمعية العامة، أو أغفل تضمين هذه القوائم أو التقارير وقائع جوهرية بقصد إخفاء المركز المالي للشركة عن الشركاء أو غيرهم.

ب - كل مدير أو مسؤول أو عضو مجلس إدارة يستعمل أموال الشركة استعمالاً يعلم أنه ضد مصالح الشركة لتحقيق أغراض شخصية أو لمحاباة شركة أو شخص أو الانتفاع من مشروع أو صفقة له فيها مصلحة مباشرة أو غير مباشرة.

ج- كل مدير أو مسؤول أو عضو مجلس إدارة يستعمل السلطات التي يتمتع بها أو الأصوات التي يحوزها بتلك الصفة، استعمالاً يعلم أنه ضد مصالح الشركة؛ وذلك لتحقيق أغراض شخصية أو لمحاباة شركة أو شخص أو الانتفاع من مشروع أو صفقة له فيها مصلحة مباشرة أو غير مباشرة.

د - كل مدير أو مسؤول أو عضو مجلس إدارة أو مراجع حسابات لم يدعُ الجمعية العامة للشركة أو الشركاء أو لم يتخذ ما يلزم لذلك بحسب الأحوال

عند علمه ببلوغ الخسائر الحدود المقدرة وفقاً لأحكام المادتين (الخمسين بعد المائة) و(الحادية والثمانين بعد المائة) من النظام، أو لم يشهر الواقعة وفق أحكام المادة (الحادية والثمانين بعد المائة) منه.

ه - كل مصف يتولى مسؤولية تصفية الشركة يستعمل أموالها أو أصولها أو حقوقها لدى الغير

استعمالاً يعلم تعارضه مع مصالح الشركة أو يسبب عمداً الضرر للشركاء أو الدائنين، وذلك

سواء كان من أجل تحقيق أغراض شخصية أو لتفضيل شركة أو شخص أو الانتفاع من مشروع أو صفقة له فيها مصلحة مباشرة أو غير مباشرة أو كانت تصرفاته في أموال الشركة متحققة من

أجل تفضيل دائن على آخر في استيفاء حقه دون سبب مشروع.

المادة (٢١٢) الثانية عشرة بعد المائتين:

مع عدم الإخلال بأي عقوبة أشد ينص عليها نظام آخر، يعاقب بالسجن مدة لا تزيد على سنة وبغرامة لا تزيد على (١,٠٠٠,٠٠٠) مليون ريال، أو بإحدى هاتين العقوبتين:

أ - كل مراجع للحسابات لم يبلغ الشركة عن طريق الأجهزة أو الأشخاص المسؤولين عن إدارتها عن المخالفات التي يكتشفها أثناء عمله والتي يبدو له اشتمالها على مخالفات جنائية.

ب - كل موظف عام أفشى لغير الجهات المختصة أسرار الشركة التي اطلع عليها بحكم وظيفته.

ج - كل شخص معين من أجل التفتيش على الشركة يثبت عمداً فيما يعد من تقارير وقائع كاذبة، أو يغفل عمداً ذكر وقائع جوهرية من شأنها أن تؤثر في نتيجة التفتيش.

د - كل من أعلن أو نشر أو صرح بأي وسيلة قاصداً الإيهام بحصول تسجيل شركة لم تستكمل إجراءات تسجيلها لأي سبب.

ه - كل من عمل من أجل جلب اكتتابات أو استيفاء أقيام الحصص على نشر أسماء لأشخاص خلافاً للحقيقة واعتبارهم مرتبطين أو سيرتبطون بالشركة بأي شكل من الأشكال.

و - كل من يُثبت عمداً في عقد تأسيس الشركة أو في نظامها الأساس أو في غير ذلك من وثائق الشركة أو في طلب الترخيص بتأسيس الشركة أو في

المستندات المرافقة لطلب التأسيس؛بيانات كاذبة أو مخالفة لأحكام النظام، وكل من وقع تلك الوثائق أو نشرها مع علمه بذلك.

ز ـ كل من بالغ أو قدم إقرارات كاذبة من الشركاء أو من غيرهم فيما يخص تقويم الحصص العينية أو توزيع الحصص بين الشركاء أو الوفاء بكامل قيمتها مع علمه بذلك، سواء كان ذلك عند

تأسيس الشركة أو عند زيادة رأس المال أو عند تعديل توزيع الحصص بين الشركاء.

ح ـ كل من انتحل شخصية مالك الأسهم أو الشريك، أو قام نتيجة عمله ذلك بالتصويت في إحدى جمعيات المساهمين أو الشركاء، سواء قام بذلك شخصياً أو بوساطة شخص آخر.

ط ـ كل من استخدم الشركة في غير الغرض الذي رخصت من أجله.

المادة (٢١٣) الثالثة عشرة بعد المائتين:

مع عدم الإخلال بأي عقوبة أشد ينص عليها نظام آخر، يعاقب بغرامة لا تزيد على(٥٠٠,٠٠٠) خمسمائة ألف ريال:

أ ـ كل من قرر أو وزع أو قبض بسوء نية، أرباحاً أو عوائد على خلاف أحكام النظام أو عقد تأسيس الشركة أو نظامها الأساس، وكل مراجع حسابات صدق على ذلك التوزيع مع علمه بالمخالفة.

ب ـ كل من تسبب عمداً من أعضاء مجلس الإدارة في تعطيل دعوة الجمعية العامة أو انعقادها.

ج ـ كل من قبل تعيينه عضواً في مجلس إدارة في شركة مساهمة أو عضواً منتدباً لإدارتها أو ظل متمتعاً بالعضوية خلافاً للأحكام المقررة في النظام، وكل عضو من أعضاء مجلس الإدارة لشركة تقع فيها تلك المخالفات إن كان عالماً بها.

د ـ كل عضو في مجلس إدارة شركة مساهمة حصل من الشركة على ضمان أو قرض خلافاً لأحكام النظام، وكل رئيس مجلس إدارة شركة تقع فيها هذه المخالفة إن كان عالماً بها.

هـ ـ كل من قبل القيام بمهمات مراجع الحسابات أو استمر في مزاولتها مع علمه بوجود الأسباب التي تمنع قيامه بتلك المهمات وفقاً لأحكام النظام.

و - كل من منع عن قصد مساهماً أو شريكاً من المشاركة في إحدى جمعيات المساهمين أو الشركاء، أو منعه من التمتع بحقوق التصويت المرتبطة بالأسهم أو بالحصص أو بوصفه شريكاً خلافاً لأحكام النظام.

ز- كل من حصل على منافع أو على ضمان أو وعد بها مقابل التصويت في اتجاه معين أو عدم المشاركة في التصويت، وكذلك كل من منح أو ضمن أو وعد بتلك المنافع.

ح - كل من أهمل في أداء واجبه في دعوة الجمعية العامة للمساهمين أو الشركاء للانعقاد خلال المدة المقررة لانعقادها وفقاً لأحكام النظام.

ط - كل من أخل بأداء واجبه في نشر القوائم المالية للشركة وفقاً لأحكام النظام.

ي - كل من لم يضع الوثائق اللازمة في متناول المساهم أو الشريك وفقاً لأحكام النظام.

ك - كل من أهمل في أداء واجبه في تزويد الوزارة بالوثائق المنصوص عليها في النظام.

ل - كل من لم يعمل على إعداد محاضر الاجتماعات وتدوينها وفقاً للأحكام المنصوص عليها في النظام.

م - كل من أعاق عمداً عمل من لهم الحق بحكم النظام في الاطلاع على أوراق الشركة ومستنداتها وحساباتها ووثائقها، أو تسبب في ذلك، أو امتنع من تمكينهم من أداء عملهم.

ن - كل من أهمل في أداء واجبه في شأن القيام بشهر عقد تأسيس الشركة أو قيدها في السجل التجاري وفقاً للنظام، وكل من تخلف عن شهر التعديل في عقد تأسيس الشركة أو نظامها الأساس أو التعديل في بيانات سجلها التجاري وفقاً للنظام.

ق - كل مصف لم يقم بواجب شهر التصفية أو انتهائها وفقاً للأحكام المنصوص عليها في النظام.

ر - كل من أهمل في أداء واجبه في إدراج أي من البيانات المنصوص عليها في المادة (الخامسة عشرة) من النظام.

ش - كل مراجع حسابات خالف أيًّا من أحكام النظام. -

ت - كل شركة أو مسؤول في شركة لا يراعي تطبيق الأنظمة والقرارات المرتبطة بعمل الشركة ونشاطها ولا يمتثل للتعليمات أو التعاميم أو الضوابط التي تصدرها الجهة المختصة، وذلك دون إبداء سبب معقول لذلك.

المادة (٢١٤) الرابعة عشرة بعد المائتين:

تضاعف في حالة العود العقوبات المقررة عن الجرائم والمخالفات المنصوص عليها في المواد (الحادية عشرة بعد المائة) و(الثانية عشرة بعد المائة) و(الثالثة عشرة بعد المائة) من النظام. ويعد عائداً في أحكام النظام كل من ارتكب الجريمة أو المخالفة نفسها المحكوم عليه فيها بحكم نهائي؛ خلال ثلاث سنوات من تاريخ الحكم عليه.

المادة (٢١٥) الخامسة عشرة بعد المائتين:

تختص هيئة التحقيق والادعاء العام بمهمة التحقيق والادعاء عن الأفعال المجرمة في المادتين

(الحادية عشرة بعد المائتين) و(الثانية عشرة بعد المائتين) من النظام.

المادة (٢١٦) السادسة عشرة بعد المائتين:

للجهة المختصة إيقاع العقوبات المقررة عن المخالفات المنصوص عليها في المادة (الثالثة عشرة بعد المائتين)، ولمن صدر ضده قرار العقوبة التظلم أمام الجهة القضائية المختصة.

المادة (٢١٧) السابعة عشرة بعد المائتين:

إذا تعذرت إقامة الدعوى على من ارتكب إحدى الأفعال المجرمة المنصوص عليها في المادتين (الحادية عشرة بعد المائتين) و(الثانية عشرة بعد المائتين)، فلهيئة التحقيق والادعاء العام إقامة الدعوى على الشركة للمطالبة بالحكم عليها بالغرامة المنصوص عليها.

المادة (٢١٨) الثامنة عشرة بعد المائتين:

لا يخل تطبيق العقوبات المنصوص عليها في هذا الباب بحق أي شخص في الرجوع بالتعويض على كل من تسبب له بضرر نتيجة ارتكاب أي من الجرائم والمخالفات المنصوص عليها في هذا الباب.

الباب الثاني عشر: أحكام ختامية

المادة (٢١٩) التاسعة عشرة بعد المائتين:

مع عدم الإخلال بأحكام النظام، وما لمؤسسة النقد العربي السعودي من صلاحيات وفقاً لما تقضي به الأنظمة ذات العلاقة، وبخاصة نظام مراقبة

البنوك، ونظام مراقبة شركات التأمين التعاوني، ونظام مراقبة شركات التمويل، تكون الهيئة الجهة المختصة بالإشراف على شركات المساهمة المدرجة في السوق المالية السعودية ومراقبتها، وإصدار القواعد المنظمة لعملها، بما في ذلك تنظيم عمليات الاندماج إذا كان أحد أطرافها شركة مدرجة في السوق المالية السعودية.

المادة (٢٢٠) العشرون بعد المائتين:

مع مراعاة ما ورد في المادة (التاسعة عشرة بعد المائتين)، للجهة المختصة حق الرقابة على الشركات فيما يتعلق بتطبيق الأحكام المنصوص عليها في النظام أو في عقد تأسيس الشركة ونظامها الأساس، بما في ذلك صلاحية التفتيش على الشركة وفحص حساباتها وطلب ما تراه من بيانات من مجلس الإدارة أو مديري الشركة وذلك بوساطة مندوب أو أكثر من منسوبيها أو من خبراء تختارهم لهذا الغرض.

المادة (٢٢١) الحادية والعشرون بعد المائتين:

على جميع المسؤولين في الشركة أن يُطلعوا ممثلي الوزارة، وكذلك الهيئة إذا كانت شركة

مساهمة مدرجة في السوق المالية أو تسعى إلى ذلك فيما يتعلق بالأعمال المنصوص عليها في المادة (العشرين بعد المائتين) على كل ما يطلبونه من دفاتر الشركة وسجلاتها ووثائقها، وأن يقدموا لهم كل المعلومات والإيضاحات المتعلقة بذلك.

المادة (٢٢٢) الثانية والعشرون بعد المائتين:

للموظفين الصادر بتسميتهم قرار من الجهة المختصة صفة الضبط الجنائي في إثبات الجرائم التي تقع بالمخالفة لأحكام النظام. ولهم في سبيل ذلك التحفظ على ما يرونه متعلقاً بالجريمة من وثائق وسجلات.

المادة (٢٢٣) الثالثة والعشرون بعد المائتين:

تنظر الجهة القضائية المختصة في جميع الدعاوى المدنية والجزائية والمنازعات الناشئة من تطبيق أحكام النظام وتوقيع الجزاءات المقررة لمخالفة أحكامه.

المادة (٢٢٤) الرابعة والعشرون بعد المائتين:

على الشركات القائمة عند نفاذ النظام تعديل أوضاعها وفقاً لأحكامه خلال مدة لا تزيد على

سنة تبدأ من تاريخ العمل بالنظام، واستثناءً من ذلك تحدد الوزارة ومجلس الهيئة كل فيما يخصه

الأحكام الواردة فيه التي تخضع لها تلك الشركات خلال تلك المدة. ـ

المادة (٢٢٥) الخامسة والعشرون بعد المائتين:

١ـ تصدر بقرار من الوزير نماذج استرشادية لعقود التأسيس والأنظمة الأساسية لكل نوع من أنواع الشركات خلال مائة وعشرين يوماً من تاريخ صدور النظام، وتنشر في موقع الوزارة الإلكتروني، ويعمل بها من تاريخ العمل بالنظام.

٢ـ يصدر الوزير ومجلس الهيئة ما يلزم لتنفيذ ما يخص كل منهما من أحكام النظام. ـ

المادة (٢٢٦) السادسة والعشرون بعد المائتين:

يحل النظام محل نظام الشركات، الصادر بالمرسوم الملكي رقم (م/ ٦) وتاريخ ١٣٨٥/٠٣/٢٢هـ ويلغى كل ما يتعارض معه من أحكام.

المادة (٢٢٧) السابعة والعشرون بعد المائتين:

يعمل بالنظام بعد مائة وخمسين يوماً من تاريخ نشره في الجريدة الرسمية.